기독교 신앙의 핵심 101
_스터디 교재 인도자용

기독교 신앙의 핵심 101

_스터디 교재 인도자용

지평서원

차 례

들어가는 말 | 왜 이것을 공부하는가? • 6

1과 | 예수님은 하나님이시다 • 12

2과 | 하나님은 삼위로 계신다 • 21

3과 | 하나님은 위대하고 선하시다 • 32

4과 | 하나님은 말씀하신다 • 42

5과 | 하나님이 창조하신 세상이 인간 때문에 엉망이 되었다 • 53

6과 | 하나님이 약속하셨다 • 62

7과 | 기쁘다, 구주 오셨네 • 71

8과 | 예수님은 주님이시다 • 81

9과 | 우리는 무엇을 기다리는가? • 91

10과 | 기다리는 동안 우리의 부르심을 이루자 • 100

왜 이것을 공부하는가?

먼저 『기독교 신앙의 핵심 101』을 후원하고 사용하는 학생들을 비롯해 회중들과 교사들, 장로님들과 목사님들 및 교회들에게 감사하고자 합니다. 본 교재를 통해 그리스도인으로 살아가는 여러분의 삶이 풍성해지고, 여러분의 마음이 도전을 받으며, 하나님의 영광을 향해 여러분의 신앙이 성장하기를 소망합니다.

이 교재는 몇 가지 목적을 염두에 두고 기획되었습니다.

첫째, 본 교재는 복음의 전진을 위해 만들어졌습니다.

퓨리서치센터(the Pew Research Center)는 최근 무신론자, 불가지론자, 유대인, 몰몬교인이 종교적인 지식뿐만 아니라 기독교의 핵심 가르침 및 역사에 대한 지식도 개신교인을 능가한다고 보고하였습니다. 우리 자녀들 중 약 60%가 청년 시기에 교회를 떠나며, 점점 많은 이들이 이른바 '무'라는 종교, 즉 어떤 신앙도 고백하지 않는 무리에 가담하고 있습니다.[1]

이처럼 우려되는 소식이 들리지만, 여전히 기독교의 핵심 메시지는 이 시대의 교회를 새롭게 하기에 충분합니다. 우리는 신앙을 버리라는 압박을 받는 신자와 교회에게 최고의 소망은, 염려하고 두려워하며 자기를 지키는 데 급급해하는 것이 아니라, 역사적 기독교 신앙, 즉 하나님이 세상을 위해 예수 그리스도를 통해 행하신 일에 대한 복음을 선포하는 것임을 믿습니다.

둘째, 본 교재는 솔직한 질문들에 답하기 위해 만들어졌습니다.

복음주의, 침례교, 개혁파, 루터파, 성공회 등에 속한 많은 이들이 신앙과 삶에 대해 차마 묻기가 꺼려지는 솔직한 질문들을 많이 가지고 있습니다. 그러하기에 우리는 오래 믿어 온 헌신된 신자나 새 신자나 신앙이 흔들리고 회의적인 신자가 가지는 염려를 다루는 데 유익하게 활용될 수 있도록 이 교재를 구성하고자 노력했습니다.

우리는 이 교재를 통해 회의론자나 최근 교회를 떠난 수많은 사람들이나 절망에 빠진 사람들에게 유익하고도 아름다우며 소망을 주는 답변을 제시하고, 새 신자들에게 기독교 신앙에 대한 견고한 이해를 제공하며, 믿은 지 오래된 신자들의 신앙을 새롭게 하여 다른 사람에게 신앙을 더 잘 소개할 수 있도록 그들을 훈련시키고자 합니다.

셋째, 본 교재는 단순성과 다양한 환경을 염두에 두고서 만들어졌습니다.

이 교재는 주일학교 교재, 성경 공부 모임, 사적인 모임뿐만 아니라 기독교 신앙에 대해 더 잘 알기를 원하는 개인들에 초점을 맞추었기 때문에 각 과가 짧습니다. 각 과는 신자들이 모여서 이해한 것

1_ http://www.pewforum.org/2010/09/28/u-s-religious-knowledge-survey/

을 나누고, 서로 질문하며, 교회와 나라를 위해 기도할 수 있도록 구성되어 있습니다. 특히 개인적인 묵상을 위한 질문과 모임에서 토의하기 위한 질문들을 통해, 배운 내용을 친구나 가족과 나눌 수 있으며, 매주 한 시간 안에 마칠 수 있게끔 구성되어 있습니다.

본 교재를 공부하는 가장 좋은 방법은 스스로 각 과를 읽고 먼저 질문에 답해 본 후에 매주 한 번씩 만나는 것입니다. 질문은 두 가지 유형이 있습니다. 묵상을 위한 질문은 개인을 위한 것이므로 다른 이들과 나누는 것에 대한 부담을 느끼지 않아도 됩니다. 한편 토의를 위한 질문은 각자의 생각을 나누고 궁금한 점을 물을 수 있도록 함께 모여 나누는 것이 가장 좋습니다. 질문 바로 다음에 답을 적는 공간이 있지만, 일기장이나 공책에 답을 써도 괜찮습니다.

넷째, 본 교재는 성경의 드라마에 흥미를 불러일으키고, 역사적 기독교를 가르치며, 송영을 이끌어 내고, 건전한 제자 훈련을 할 수 있도록 만들어졌습니다.

우리는 예수 그리스도와 그분의 구원 사역에 대한 성경의 이야기로부터 자연스럽게 교리를 이끌어 내는 것을 중요하게 다루었습니다. 또한 이러한 교리가 어떻게 예배에 감격을 주고 삶으로까지 이어지는지를 보여 주고자 심혈을 기울였습니다.

각 과에는 읽어야 하는 부분과 묵상과 토의를 위한 일련의 질문들이 있습니다. 우리는, 여러분이 예배의 감격을 맛보고 그리스도의 제자로 살아가는 방법을 온전히 이해할 수 있도록 실천을 강조하는 묵상 및 토의를 위한 질문을 거쳐 기도로 나아가게끔 내용을 구성했습니다. 앞서 말한 대로, 묵상을 위한 질문은 개인에게 초점을 맞추는 반면, 토의를 위한 질문은 함께 나눌 수 있도록 되어 있습니다.

근본 원리에 대한 견고한 토대를 원하는 신자들에게 본 교재는 기독교 신앙에 대해 완전하고도 충분한 내용을 제공합니다. 깊이 공부하기를 원하는 신자들은 마이클 호튼(Michael Horton)의 저서 『기독교 신앙의 핵심: 하나님의 역사에서 나를 발견하라!』를 통해 각 과의 내용을 보충할 수 있습니다.

첫 과를 시작하기 전에, 마이클 호튼이 학습 목표에 대해 개관하는 영상을 보십시오.[2)]

https://vimeo.com/167180988/c5d5c1bd96

인도자 주의 사항

첫째, 본 교재를 쉽게 진행하려면 모두가 자기 교재를 가지고 있어야 합니다. 매주 학생들은 모임에서 만나 생각을 공유할 수 있도록 미리 교재를 읽고 마지막 부분에 있는 질문에 답해 와야 합니다. 인도자는 먼저 인도자용 교재에 제시된 대로 처음부터 끝까지 점검 사항을 확인해야 합니다. 인도자용 교재에는 각 과의 시작과 끝에 교재를 쉽게 공부할 수 있도록 돕는 내용이 추가되어 있습니다. 매끄럽게 인도할 수 있도록 반드시 미리 준비하십시오.

2_ 본 교재는 학습 내용을 개관하는 동영상을 PC나 스마트 기기를 통해 시청할 수 있도록 동영상 주소와 QR코드를 제공합니다. 시청하는 동영상에서 자막이 나오지 않을 경우, 동영상 화면 우측 하단에 있는 CC 버튼을 눌러 자막을 활성화하십시오.

둘째, 질문들은 대부분 삶에 적용하는 것을 목적으로 합니다. 교재의 목표는 경험을 통해 배우는 바와 이미 알고 있는 개념을 연결할 수 있게끔 하는 것입니다. 각자의 경험에 대해 진지하게 생각하고 나누며, 각 과의 교리가 그 경험과 연결될 수 있도록 토의를 돕는 것도 중요합니다.

셋째, 교재를 있는 그대로 정확하게 따르지 않아도 됩니다. 교재는 돕기 위한 것일 뿐, 방식 안에 가두기를 목적하지 않습니다. 어떤 사람에게는 공과를 있는 그대로 진행하는 것이 쉬울 수 있겠지만, 어떤 사람에게는 자발적으로 교재를 재구성하는 방식이 효과적일 수 있습니다. 당신의 상황과 경험의 수준에 따라 적절하고도 자유롭게 바꾸어 활용하십시오.

넷째, 각 과의 시작 부분은 효과적으로 공부할 수 있는 상황을 만들어 줍니다. 기도로 시작한 후에 질문을 던져 사람들이 대답하도록 이끄는 것이 좋습니다. 사람들이 활발히 토의하고 생각과 경험을 나눌 수 있도록 편안한 분위기를 조성하는 일이 쉽지 않을 수 있습니다. 그러나 걱정하지 마십시오. 시간이 지나 경험이 쌓이면 나아질 것입니다. 사람들을 토의로 끊임없이 초청하면 나눔이 풍성해질 것입니다. 인내하십시오.

다섯째, 학생들이 질문에 답하지 않거나 읽지 않고 오는 경우가 종종 있을 것입니다. 그러나 걱정하지 마십시오. 공부하는 동안 좋은 시간을 가지게 되면, 미리 읽고 질문에 답하려 할 것입니다.

여섯째, 학생들에게 참여를 독려하십시오. 성경 본문을 읽거나 교재의 한 부분을 읽어 달라고 요청하십시오. 공부를 마칠 때 기도해 달라고 청하십시오. 생각과 묵상을 반갑게 맞아 주십시오. 질문이 있는지 물으십시오. 학생들이 더 많이 참여할수록 공부가 즐거워지고 많이 배우게 됩니다.

일곱째, 시간을 현실에 맞게 다루어야 합니다. 성경 공부가 효과적으로 이루어지려면, 30분에서 1시간 안에 끝내야 하고, 시작하기 전과 마치고 난 후에 교제하는 시간을 가져야 합니다. 상황에 맞게 시간을 잘 조정하십시오.

예수님은 하나님이시다

여는 기도

하늘에 계신 하나님 아버지, 아들이신 예수 그리스도를 우리에게 보내 아버지의 영광을 밝히 드러내시고 영원한 생명을 허락하시며 죽음으로부터 부활함을 통해 예수 그리스도의 은혜를 보여 주시니 감사합니다. 성부와 성령과 함께 살아 계시며 다스리시는 우리 주 예수 그리스도를 통해 부활의 영광을 기다리오니, 성령의 한량없는 은혜와 능력을 우리에게 내려 주소서. 예수님의 이름으로 기도합니다. 아멘.

성경 본문 _막 2:1-12

마가복음 2장 1-12절에서 예수님은 죄를 용서하시는 행위를 통해 자신이 하나님임을 나타내십니다. 예수님은 사람을 고치는 데 그치지 않고 가장 다급한 필요, 즉 구원의 필요성을 보이셨습니다. 문제는 오직 하나님만이 죄를 사하는 권세를 가지신다는 것이었습니다. 이를 알고 계셨던 예수님은 죄를 사하는 권세를 드러내 병자를 용서하셨을 뿐 아니라, 그의 병까지도 고쳐 주셨습니다. 이처럼 치유 사역은 세상을 구원하기 위해 오셨다는 예수님의 메시지를 드러내는 표적의 역할을 했습니다.

묻기

여러분이 지금까지 경험한 바에 따르면, 대다수의 사람들은 예수님에 대해 어떻게 생각합니까?

보기 ▶학생용 10쪽

https://vimeo.com/167182439/2c6373d021

읽기 ▶학생용 10쪽

기독교 신앙의 가장 기본적인 선언은 예수님의 정체성에 기초하며, 성경의 진리는 예수님이 하나님이시라는 사실에 의존합니다. 만약 예수님이 하나님이 아니시라면, 성경은 단지 역사와 철학과 우화와 격언의 혼합물에 불과할 것입니다. 만약 기독교가 사실이 아니라면, 성경은 아무런 도움도 주지 못하는 쓸모없는 책일 것입니다. 그러나 예수님이 하나님이시라면, 성경의 메시지는 모든 인간에게 가장 중요한 것이 됩니다.

영국의 변증가 C. S. 루이스(C. S. Lewis)는 그의 저서 『순전한 기독교』에서 바로 이에 대해 논증합니다. 거기서 이른바 '삼중적 문제'가 등장합니다. 만약 예수님이 육신으로 오지 않으셨거나 죄 없이 살지 않으셨거나 십자가에서 죽은 후 부활하지 않으셨다면, 그는 거짓말쟁이(누가복음 9장 22절에서 예수님은 죽은 자 가운데서 살아날 것이라고 약속하셨습니다) 아니면 정신병자(정신병자만이 하늘에서 내려온 하나님의 아들임을 자처할 것이기 때문입니다)였을 것입니다. 그러나 만약 예수님이 스스로 주장하신 그분이자 사도들이 증언한 일을 행하신 분이라면, 그는 하나님이셔야 합니다.

예수님이 주장하신 대로, 그분이 우리를 구원하기 위해 인간이 되신 하나님이라면, 모든 것이 달라져야 합니다. 하나님과 인생과 주변 세계에 대한 사고방식이 달라져야 합니다. 지금부터 예수님의 생애와 사역에 대해 살펴봅시다.

성경에 따르면, 예수님뿐만 아니라 초대 교회도 그를 하나님으로 여겼습니다

예수님 자신의 주장과 성경의 증언 및 1세기에 기록된 여러 문서들에 따르면, 예수님은 하나님으로 불리셨습니다. 이 점이 중요합니다. 만약 예수님이 스스로를 하나님이라고 말하지 않았다면, 유대 지도자들에게 잡혀 고통을 겪지 않았을 것이기 때문입니다. 예수님이 신성 모독으로 고발당했다는 사실은, 그가 단지 탁월한 선생이거나 선지자일 수 없음을 증명합니다. 오히려 예수님은 스스로를 가리켜 하나님이라고 선언하셨으며, 사람들은 그를 하나님으로 불렀습니다(요 8:58, 14:9; 사 9:6; 마 16:16; 빌 2:9-11; 골 1:15,19 참고).

예수님은 태초부터 계셨을 뿐만 아니라 오직 하나님만이 행할 수 있는 기적을 많이 행하셨습니다. 예수님은 눈이 멀거나 다리를 절거나 듣지 못하는 이들을 치료하시고, 바다를 잠잠하게 하셨으며, 약간의 빵과 물고기로 수천 명을 먹이시고, 귀신을 쫓아내셨으며, 죽은 자를 살리셨습니다(마 9:2-8; 막 8:1-9; 눅 8:22-25; 요 11:38-44, 20:30 참고).

동방 박사, 열두 제자, 대부분이 유대인이었던 초대 교회 신자들은 모두 예수님을 하나님으로 예배했습니다(마 2:11, 14:33, 28:19; 요 20:28 참고). 초대 교회가 그토록 빨리 예수님을 예배하기 시작했다는 사실이 중요합니다. 이방인들이 수많은 신들을 숭배했던 반면에, 유대인들은 유일하신 참 하나님을 예배했습니다. 초대 교회는 유일하신 여호와 하나님만이 존재하시며 그분만을 예배해야 한다는 유대교의 신념을 가지고 있었습니다. 예수님이 하나님과 동등하다는 선언은, 초대 교회로 하여금 그들이 하나님에 대해 알고 있었던 모든 것을 다시금 생각하게 했으며, 새로운 생각을 받아들이게 하였습니다. 예수님은 자신이 하나님과 동등하다고 주장하셨기 때문에, 자기 백성을 구하러 오신 하나님이거나 아니면 신성 모독자이어야 합니다. 그분은 그저 선한 선생일 수만은 없습니다.

예수님은 죽으셨고, 장사되셨으며, 다시 살아나셨습니다

마태복음, 마가복음, 누가복음, 요한복음은 예수님의 생애와 죽음과 부활에 대한 역사적 사건들을 기록하는데, 이 사건들은 연대를 확인할 수 있는 사건들과 연결되어 있습니다. 예수님의 어린 시절은 거의 알려져 있지 않지만, 복음서에는 가이사 아구스도, 빌라도, 벨릭스, 유대 왕 아그립바 같은 로마 제국의 통치자들이 등장합니다. 심지어 수리아 총독 구레뇨도 성탄절 기사에 등장합니다(눅 2:1,2 참고). 그러하기에 오늘날 저명한 학자들 중 어느 누구도 예수님이 실제로 존재하셨다는 사실에 이의를 제기하지 않습니다. 심지어 로빈슨(John A. T. Robinson)이나 어르만(Bart Ehrman) 같은 자유주의 신약학자들조차도 예수님의 생애, 십자가, 죽음에 의문을 제기하지 않습니다.

다음 사실들을 생각해 봅시다.

- 그리스도께서 십자가에서 처형당하셨을 때 유대인들은 그가 죽었다고 확신했기 때문에 로마 병사들로 하여금 예수님의 시신을 지키게 했습니다(마 27:62-66 참고).
- 유대인의 교육 교재인 탈무드도 예수님의 처형에 대해 기록하고 있습니다(바벨론 산헤드린 43a.-b. 참고).
- 유명한 역사가 요세푸스(Josephus, 주후 37-100)는 무덤이 비었다는 사실에 이의를 제기하지 않았습니다.

역사적 사실들은 실제로 예수님이 이 땅에서 살고 죽으셨음을 증언합니다. 사복음서 전체의 기록에 따르면, 예수님은 우리의 부활과 영생에 대한 약속으로서 장사된 지 사흘 뒤에 죽은 자 가운데서 살아나셨습니다(마 28:1-10; 막 16:1-8; 눅 24:1-12; 요 20:1-18 참고).

사복음서 모두가, 유대의 고위급 지도자였던 아리마대 요셉과 니고데모가 요셉의 무덤에 예수님의 시신을 매장하도록 도움을 준 반면에, 사도들은 당국이 두려워서 피했다고 언급합니다(마 27:57-60; 막

15:42-46; 눅 23:50-56; 요 19:38-42 참고). 만일 복음서의 기록들이 날조된 것이라면, 분명히 복음서 저자들은 제자들에 대해 그토록 부정적으로 기록하지 않았을 것입니다.

빈 무덤에 관해 수많은 가설들이 제시되었습니다. 그러나 어느 누구도 예수님의 살아 계신 모습이든 죽은 시신이든, 예수님의 부활이 거짓임을 입증할 만한 증거를 내보이지 못했습니다.

예수님께서 자신을 하나님이라고 선언하신 것, 그분이 행하신 일들, 부활, 사람들이 그분을 어떻게 예배했는지를 생각해 볼 때, 결론은 하나일 수밖에 없습니다. 즉, 성부 하나님과 성령 하나님처럼 예수님은 하나님이십니다. 하나님이신 그분은 존재, 지혜, 능력, 거룩하심, 공의, 선하심, 진리가 무한하고 영원하며 불변하십니다.

완전한 하나님이자 완전한 인간이신 예수님은 죄로 말미암아 저주받은 이 세상에서 우리가 경험하는 모든 것을 경험하셨으나, 죄는 없으십니다. 예수님은 우리를 대신하여 십자가에 달려 우리 죄에 대한 형벌을 받으셨습니다. 죽음을 이기신 예수님은 이제 그분을 믿는 모든 자들에게 새 생명을 주십니다. 그리스도인은 예수님의 존재와 그분이 자신들을 위해 행하신 모든 것을 믿고 의지하는 자입니다(롬 1:16; 엡 2:1-9 참고). 이것이 바로 좋은 소식, 즉 예수 그리스도의 복음입니다.

이 주제에 관해 더 알고자 한다면, 마이클 호튼의 『기독교 신앙의 핵심』 1장(27-47쪽)을 읽어 보십시오.

묵상을 위한 질문 ▶학생용 15쪽

1. 당신의 삶에서 예수님을 주님으로 높여드리는 방법에는 어떤 것들이 있습니까?

2. 예수님을 예배하는 방법에는 어떤 것들이 있습니까?

3. 복음서에서 예수님이 사람들을 대하신 방식들 중, 당신은 어떤 것이 놀라웠습니까?

토의를 위한 질문 ▶학생용 16쪽

1. 어느 무슬림을 카페에서 만난다고 생각해 봅시다. 친절하게 대화를 나눈 후에, 그가 예수님에 대해 혼란스러운 점이 있으며, 기독교인들이 무엇을 믿는지 알고 싶다고 고백합니다. 당신은 그에게 뭐라고 말해 주겠습니까? 이 사람을 위해 당신은 어떻게 기도하겠습니까?

2. 어떤 그리스도인들은 예수님의 생애와 죽음과 부활에 대한 신빙성 있는 역사적 증거가 존재한다는 사실을 깨닫고는 놀라워합니다. 당신은 어떠합니까?

3. 본 과에서 배운 것들 중 하나를 친구에게 알려 준다면, 무엇을 가장 말해 주고 싶습니까?

마치는 기도

다음을 위해 기도합시다.

- 모임에 참여하는 사람들의 필요를 위해
- 교회의 유익을 위해
- 믿지 않는 사람들의 구원을 위해
- 그 밖의 다른 필요들을 위해

2과

하나님은 삼위로 계신다

여는 기도

사랑의 하나님 아버지, 우리를 구원하기 위해 살고 죽고 부활하신 성자 예수 그리스도의 사역을 통해 아버지의 영광을 우리에게 밝히 나타내시고, 성령을 통해 우리를 구원해 주시니 감사합니다. 우리에게 베푸신 사랑과, 우리에게 기꺼이 주신 구원과, 성부와 성령과 함께 한 분 하나님이시며 지금, 그리고 영원토록 다스리시는 예수 그리스도를 통해, 성부께서 세상 가운데 행하신 역사의 이해할 수 없는 그 신비를 우리가 깨닫도록 도와주소서. 예수님의 이름으로 기도합니다. 아멘.

성경 본문 _요 17:1-26

요한복음 16장에서, 예수님은 성령이 오시기 위해서는 자신이 떠나야 한다고 제자들에게 말씀하십니다. 요한복음 17장 1-26절에서 예수님이 성부 하나님께 드리신 기도는, 우리로 하여금 그리스도의 사역의 영광이 어떠한지를 엿보게 합니다. 뿐만 아니라 우리는 예수님이 성부 하나님께서 자신을 영화롭게 하는 것을 통해 성부 하나님께 영광을 돌리려 하시는 것을 봅니다. 예수님은 성부께 자기 백성을 보존하고 지켜 달라고 간구하시며, 자기 백성이 그분 자신과 성부 사이에 가졌던 것과 같은 사랑을 가질 수 있도록 기도하십니다. 여기서 사도 요한은 성자와 성부가 친밀하게 나누는 대화를 밝히 보여 줍니다. 그리하여 성부와 성자와 성령이 서로 사랑과 교제를 나누는 영원한 생명 안으로 우리를 이끌려 하심을 깨닫게 합니다. 이로써 우리는 삼위일체라는 신비에 사로잡히게 됩니다.

묻기

하나님의 영광에 대해 생각할 때에 무엇이 떠오릅니까?

보기 ▶학생용 18쪽

https://vimeo.com/167184118/ddea37c465

읽기 ▶학생용 18쪽

성경은 하나님이 한 분이시라고 말씀합니다. 또한 성경은 성부가 하나님이며, 성자도 하나님이며, 성령도 하나님이라고 말씀합니다. 이러한 계산은 덧셈이 잘못된 것처럼 보입니다. 그러나 하나님에 관해 묘사할 때는, 하나와 셋을 다른 방식으로 이해해야 합니다.

어떻게 하나님께서 본질은 하나이되 세 위격으로 계실 수 있을까요? 어떤 종교는 여러 신을 믿고 경배하며(다신론), 어떤 종교는 모든 것이 하나님과 하나라고 가르칩니다(범신론). 반면 기독교, 이슬람교, 유대교는 하나님이 한 분이라고 믿습니다. 한 분 하나님을 믿고 예배하는 것을 유일신론이라고 합니다. 하나님은 본질이 하나이십니다.

하나님의 본질을 가리킬 때, 우리는 그분의 존재라는 개념에 관해 말하는 것입니다. 여기서 중요한 것은 하나님이 하나이심을, 다시 말해 인간처럼 부분이나 물질로 되어 있지 않으심을 이해하는 것입니다. 하나님은 영이시며 하나이신 분입니다. 우리는 구약성경뿐만 아니라 신약성경에서도 이 사실을 봅니다.

성경은 하나님이 한 분이시라고 말씀합니다

구약성경은 하나님이 한 분만 계신다고 가르칩니다. 국가로 존재하기 시작한 때부터 이스라엘은 하나님이 오직 한 분이라고 배워 왔습니다. 신명기 6장 4절은 이스라엘의 근본적인 신앙고백을 잘 보여 줍니다.

"이스라엘아 들으라 우리 하나님 여호와는 오직 유일한 여호와이시니."

구약의 이 진술은 유일신론을 반영합니다. 이사야 선지자도 다음과 같이 말하며 유일신론을 확언합니다.

"이스라엘의 왕인 여호와, 이스라엘의 구원자인 만군의 여호와가 이같이 말하노라. 나는 처음이요 나는 마지막이라, 나 외에 다른 신이 없느니라"(사 44:6).

신약성경도 하나님이 한 분이시라고 가르칩니다. 신약성경의 저자들은 구약성경의 유일신론을 계속 이어 갔습니다. 바울이 기록한 에베소서 4장 4-6절과 같이, 신약성경의 많은 구절들이 이스라엘의 유일신론을 전제하거나 단언합니다.

"몸이 하나요 성령도 한 분이시니 이와 같이 너희가 부르심의 한 소망 안에서 부르심을 받았느니라. 주도 한 분이시요 믿음도 하나요 세례도 하나요 하나님도 한 분이시니 곧 만유의 아버지시라. 만유 위에 계시고 만유를 통일하시고 만유 가운데 계시도다"(엡 4:4-6).

삼위일체 교리는 구속이라는 드라마에 근거하여 오랜 시간에 걸쳐 발전되었습니다. 최초의 그리스도인들은 모두 유대인이었는데, 하나님께서 역사 안에서 육신이 되셨다는 사실을 직시해야 했습니다. 그리스도의 성육신과 죽음과 부활 후에, 그리스도인들은 유대인의 성경(구약성경)으로 돌아가 그 특별한 사건들의 빛 아래에서 특정한 본문들을 더욱 잘 이해할 수 있었습니다.

성부, 성자, 성령은 서로 다른 위격이십니다

성부, 성자, 성령은 구속이라는 이야기에서 활동하시는 서로 구별되는 세 위격이십니다. 성경은 성부, 성자, 성령께서 역사 가운데 서로 구별되는 세 위격으로 활동하셨음을 여러 곳에서 밝히 보여 줍니다. 예컨대, 예수님은 성부께 기도하시며(요 17장 참고), 성부는 하늘에서 말씀하시며(마 3:17 참고), 성령은 예수님을 성자로 계시하십니다(마 3:16; 고전 2:10 참고). 이와 같이 행하시는 세 분은 복음서 이야기 전체에 걸쳐 동일한 무대에서 일하십니다. 특별히 예수님이 세례 받으시는 장면은 이 진리를 잘 드러냅니다.

예수님의 사촌인 세례 요한은 예수님이 공적으로 사역하시기 전부터 하나님 나라가 가까이 왔다고 선포하였습니다. 세례 요한은, 반역하는 삶의 방식을 버리고 하나님께로 돌아와 물로 세례를 받음으로써 장차 올 나라를 준비하라고 백성들에게 촉구했습니다. 세례 요한은 예수님이 자기에게로 나아오시자, 그분이 세상 죄를 지고 가는 하나님의 어린양이심을 깨달았습니다. 우리를 위해, 복음서 저자들은 삼위일체 하나님이 모두 함께 일하시는 장면을 기록하였습니다. 예수님이 세례를 받으실 때 하늘이 열렸습니다. 성령께서 예수님에게 임하셨습니다. 그리고 성부께서 하늘에서 "이는 내 사랑하는 아들이요 내 기뻐하는 자라"라고 말씀하셨습니다(마 3:13-17 참고).

성부, 성자, 성령은 능력과 영광이 동등한 한 분 하나님이십니다

대위임 명령을 주셨을 때(마 28:16-20 참고), 예수님은 제자들에게 산에서 만나자고 말씀하셨습니다. 제자들이 산에 올라가 예수님께 가까이 갔을 때, 그들은 예수님을 예배하기 시작했습니다. 그리고 예수님은 주님이요 구주로서 그들에게 "사람들에게 성부와 성자와 성령의 이름으로 세례를 베풀며 그들을 제자로 삼으라"라고 명령하셨습니다. 제자들은 그리스도를 따르는 사람들에게 한 이름, 즉 성부와 성자와 성령이 공유하는 한 이름으로 세례를 베풀어야 했습니다.

에베소서 1장 3-14절에서 사도 바울은 구원 사역을 함께 행하시는 성부와 성자와 성령께 송영(찬양을 표현하는 것)을 드립니다. 바울은, 성부 하나님이 "그 기쁘신 뜻대로 우리를 예정하사 예수 그리스도로 말미암아 자기의 아들들이 되게 하셨으니, 이는 그가 사랑하시는 자 안에서 우리에게 거저 주시는 바 그의 은혜의 영광을 찬송하게"(엡 1:5,6) 하셨으며, 우리 기업의 보증이 되시는 "약속의 성령으로" 우리에게 인 치셨다고 선포합니다(엡 1:13,14 참고).

성부와 성자와 성령은, 사람들을 죄와 죽음으로부터 구원하고 삼위일체 하나님과 함께하는 사랑의 관계로 이끄시는 사역을 실행할 때 함께 일하십니다.

- 하나님은 사람을 향한 사랑으로 말미암아 자기 아들을 보내 영원한 생명을 주시고, 반역하는 인간을 위해 대신 형벌을 치르게 하셨습니다(요 3:16 참고).
- 하나님의 아들은 성령으로 잉태되셨고 처녀인 마리아에게서 나셨습니다(눅 1:34,35 참고).
- 예수님은 성령의 능력으로 귀신을 쫓아내셨습니다(마 12:28 참고).
- 성부는 성령을 통해 하나님의 아들이신 예수 그리스도를 죽은 자 가운데서 살리셨습니다(롬 8:11 참고).
- 성자는 왕으로 통치하기 위해 승천하셨고, 자기 백성을 자신에게로 모으고자 성령을 보내셨습니다(행 1:8,9 참고).
- 성부와 성자는 서로를 영화롭게 하시면서 자신들의 신적 능력과 영광을 드러내셨습니다(요 17:1-5 참고).

초대 교회 시대의 신자들은 어떻게 하나님이 한 분이시며 서로 구별되는 세 위격으로 드러나시는지를 이해하고자 애썼습니다. 삼위일체가 명확하게 정의되기 전에, 교회는 서로 다른 두 가지 오류에 빠지곤 하였습니다.

초대 교회의 신학자 오리겐(Origen, 주후 184-253)은 예수님이 성부보다 열등한 하나님이라고 주장했습니다. 아리우스(Arius, 주후 256-336)는 잘못된 방향으로 한 걸음 더 나아갔습니다. 이른바 아리우스주의는 성부만이 하나님이시며 성자는 피조물일 뿐이라고 주장합니다. 오늘날 여호와의 증인이 이러한 오류에 빠져 있습니다.

3세기의 사벨리우스(Sabellius)와 같은 이들은, 한 사람이 서로 다른 가면들을 쓴 것처럼, 하나님이 세 가지 다른 모습이나 양식으로 나타나신다고 주장했습니다. 이러한 오류를 가리켜 우리는 양태론이라고 부릅니다.

이와 같은 두 가지 오류는 매우 치명적이었기 때문에, 교회는 공식적으로 이런 견해들을 '이단'이라고 불렀습니다. 따라서 이단이란 성경의 명확한 가르침과 교회의 공동체적 지혜를 거스르며, 기독교 신앙의 핵심적 교리를 공격하는 견해를 고수하는 사람을 말합니다.

니케아 신경은 주후 325년에 있었던 제1차 공의회의 결과로 채택된 교리적 진술입니다. 이는 주후 381년 콘스탄티노플 공의회에서 최종 형태로 개정되었습니다. 니케아 신경은 당시의 오류들에 대항하여, 성부와 성자와 성령이 그 본질에서 동일하지만 각각 다른 위격임을 확증하였습니다.

이 주제에 관해 더 알고자 한다면, 마이클 호튼의 『기독교 신앙의 핵심』 2장(49-67쪽)을 읽어 보십시오.

묵상을 위한 질문 ▶학생용 24쪽

1. 삼위일체 교리는 하나님이 다 이해할 수 없는 분이라는 신비와 마주하게 합니다. 삼위일체라는 신비는 어떤 식으로 당신에게 예배하고자 하는 마음을 불어넣습니까?

2. 에베소서 4장 4-6절은 다음과 같이 말합니다.

"몸이 하나요 성령도 한 분이시니 이와 같이 너희가 부르심의 한 소망 안에서 부르심을 받았느니라. 주도 한 분이시요 믿음도 하나요 세례도 하나요 하나님도 한 분이시니 곧 만유의 아버지시라. 만유 위에 계시고 만유를 통일하시고 만유 가운데 계시도다."

잠시 시간을 내어 교회가 그리스도 안에서 하나 됨을 드러내는 방식을 몇 가지 적어 봅시다. 또한 당신의 교회와 교단과 세계 도처에 있는 모든 교회를 위해 기도합시다.

3. 삼위일체 교리를 이해하기란 어렵습니다. 그러하기에 사람들은 종종 자신이 잘못 이해할까 봐 두려워합니다. 그러나 우리는 삼위일체 교리가 경외심과 겸손을 불러일으키며 인간의 이해와 언어의 한계를 드러낸다는 사실을 알아야 합니다. 2과 내용을 공부하면서 알게 되었거나 새롭게 떠오른 개념이나 생각을 하나만 적어 보십시오.

토의를 위한 질문 ▶학생용 25쪽

1. 그리스도인은 기도할 때 성부 하나님께, 예수 그리스도께서 행하신 일을 통해, 성령의 능력을 힘입어 기도합니다. 성경의 어느 본문이 이것을 가르칩니까? 이 교리는, 비록 우리의 기도가 분명하지 않고 슬픔으로 가득하다 하더라도 하나님께서 들으신다는 것에 관해 어떻게 확신을 줍니까?

2. 삼위일체의 신비는 우리를 다른 모습으로 만들어 갑니다. 이번 주에 이 교리를 묵상할 때, 이 교리가 당신의 삶에 어떤 영향을 끼치기를 소망합니까?

3. 삼위일체 교리는 아주 실천적인 교리입니다. 왜냐하면 선교를 하도록 이끄는 신학이기 때문입니다. 삼위일체의 모든 영광으로 가득한 복음을 생전 처음 만난다고 상상해 보십시오(아마 지금이 처음인 사람도 있을 것입니다). 사람들이 삼위일체 교리를 이해하는 데 그치지 않고, 삼위일체 하나님을 예배할 수 있도록 어떻게 도울 수 있겠습니까?

마치는 기도

다음을 위해 기도합시다.

- 모임에 참여하는 사람들의 필요를 위해

- 교회의 유익을 위해
- 믿지 않는 사람들의 구원을 위해
- 그 밖의 다른 필요들을 위해

하나님은 위대하고 선하시다

여는 기도

영광스러운 하나님 아버지, 우리가 종일 기뻐하고 즐거워할 수 있도록 아침마다 변함없는 사랑으로 우리에게 만족을 주시니 감사합니다. 주님, 우리가 우리 주변에 있는 악과 싸울 뿐 아니라 우리 마음속에 숨어 있는 악에 저항할 수 있도록 도와주소서. 또한 성령께서 우리에게 주시는 은혜와 자비를 통해 주님이 모든 일을 형통케 하신다는 사실에 기뻐할 수 있도록 도와주소서. 성부와 성령과 함께 하늘에서 다스리시는 자비로우신 구원자 예수 그리스도의 이름으로 기도합니다. 아멘.

성경 본문 _시 90:1-17

전통적으로 시편 90편은 모세가 지었다고 여겨집니다. 그는 애굽으로부터 이스라엘 백성을 이끌어 내고, 광야에서 하나님의 영광을 일부나마 보았던 하나님의 사람이었습니다. 이 시편에서, 모세는 전능하신 하나님께 기도하면서 그분의 백성에게 다시금 자비를 보여 달라고 간구합니다. 그리고 하나님의 백성들의 거처가 되시는 여호와(시 90:1 참고)께서 그분의 사역과 영화로운 능력을 보여 주시기를(시 90:16 참고) 구합니다. 이 기도는 하나님에 관한 중요한 사실, 즉 그분의 위대하심을 우리에게 가르칩니다. 또한 이 기도는 하나님의 선하심을 드러내며, 과거에 베푸신 하나님의 신실하심을 그 증거로 기억해야 한다고 말합니다.

묻기

하나님이 정말로 악에 대해 신경을 쓰고 계시는지 궁금해하는 사람을 만난 적이 있습니까?

보기 ▶학생용 27쪽

https://vimeo.com/167184667/c4300a6cd0

읽기 ▶학생용 27쪽

만약 하나님이 위대하시다면, 왜 그분은 자연 재해와 테러를 막지 않으실까요? 어떤 이들은 하나님이 선하지 않기 때문이라고 대답합니다. 만약 하나님이 선하시다면, 왜 세상에 악이 존재할까요? 어떤 사람은 이 사실이 하나님이 위대한 존재가 아님을 보여 준다고 주장합니다. 만약 하나님이 위대하시다면, 그분은 어떻게든 악을 제거할 능력을 가지고 계실 것입니다. 악이 여전히 존재한다는 사실은, 하나님이 위대하지 않다는 사실을 증명하는 것처럼 보일 수 있습니다.

세상에 존재하는 악에 대해 하나님께서 성경을 통해 주시는 답은 우리를 놀라게 할 수 있습니다. 중요한 것은, 하나님의 존재와 사역이 대부분 피조물인 우리에게 신비라는 사실을 깨닫는 것입니다. 그러나 하나님께서 보여 주시는 것은, 그분의 성품을 의지하고 그분이 자신의 말씀에 신실하실 것임을 믿게 하는 데 충분합니다.

성경은 하나님의 위대하심을 선포합니다

우리는 그저 하나님이 우리보다 더 큰 존재라고만 생각하는 경향이 있습니다. 그러나 실제로 하나님은 우리와는 완전히 다른 범주에 계십니다. 사실상 하나님은 오로지 그분 자신으로만 규정되는 존재입니다. 오직 하나님만이 영원하고, 불멸하며, 전능하고, 지혜로우며, 전지하십니다(딤전 6:15,16 참고). 그분의 눈부신 위엄은 우리의 이해를 넘어섭니다.

- 하나님은 모든 피조물로부터 독립하여 존재하십니다(행 17:24,25 참고). 이를 가리켜 전문 용어로 자존성이라고 합니다. 그분은 완전한 사랑과 교제 안에서 삼위일체 하나님으로 존재하십니다.
- 하나님은 순전한 영이십니다. 그분은 여러 요소로 이루어지지 않았으며, 우리처럼 부패하실 수 없습니다(요 4:24 참고). 이를 다르게 표현하자면, 하나님은 단순하고 단일하십니다. 또한 그분은 완전하고 변하지 않으십니다.
- 하나님은 전지하십니다. 제한된 시각을 뛰어넘는 하나님은 영원하시

기에 처음부터 끝을 아십니다(시 139:16 참고).

- 하나님은 편재하십니다. 하나님은 영이시므로, 말과 언어와 행동 및 지금 있는 곳으로 우리를 제한하는 '장소'라는 범주를 초월하십니다(렘 23:24 참고).
- 하나님은 전능하십니다. 즉, 하나님의 능력은 무한합니다. 어떤 이들은 하나님의 주권과 인간의 자유를 파이 조각에 빗대어 이해합니다. 즉, 하나님과 인간이 같은 파이를 가졌는데, 하나님이 더 큰 조각을 가졌다는 것입니다. 하나님은 피조물보다 양적으로뿐만 아니라 질적으로도 위대하십니다(마 19:26 참고).

우리는 하나님께만 속하는 이러한 속성들을 비공유적 속성이라고 부릅니다.

성경은 하나님의 선하심을 계시합니다

하나님이 행하시는 모든 것은 선합니다. 왜냐하면 하나님이 순전히 선하시기 때문입니다. 사람들도 사랑과 긍휼이 많고 자비로우며 정의와 공의에 관심을 보일 수 있지만, 그런 성품들은 하나님이 온전한 완전하심 안에서 지니신 것들의 유비에 불과합니다. 이 성품들을 우리는 공유적 속성이라고 부릅니다.

아기나 어린이나 나이 든 부모님과 어떻게 이야기하는지를 떠올려 보십시오. 마찬가지로 하늘 아버지는 우리에게로 자신을 낮춰 주십니다. 다음과 같은 하나님의 속성은, 그분이 피조물을 사랑으로 돌보심을 우리에게 증언합니다.

- 하나님은 사랑과 긍휼이 풍성하며 자비로우십니다. 성경 이야기는 사랑이신 하나님을 우리에게 소개합니다(요일 4:8 참고). 하나님은 하늘 높이 우리 위에 영광 가운데 계시는 위엄 있는 분이지만, "우리가 원수 되었을 때에" 그리스도께서 우리를 위해 죽으실 정도로 긍휼과 자비가 풍성하십니다(롬 5:10 참고).
- 하나님은 공의로우며 거룩하십니다. 거룩함은 하나님의 도덕적이고도 초월적인 완전함입니다. 또한 하나님의 순전한 선하심입니다. 하나님 안에는 악한 것이 전혀 없습니다. 하나님의 거룩함에 따라 오직 그분만이 무엇이 선한지를 정하십니다. 즉, 하나님의 판단은 선합니다. 성경에서 보게 되는 죄인들에 대한 심판이 무자비하고 부당한 것처럼 보일 수도 있지만, 하나님의 선하심은 그분이 죄에 대해 공의롭게 심판하시는 데서 실제로 드러납니다.
- 하나님은 신실하십니다. 하나님은 자신의 말씀에 신실하시며, 공의와 거룩함에 신실하십니다. 하나님은 자신에게 신실하시므로 변하지 않으십니다. 또한 하나님은 자신의 약속에 신실하십니다. 하나님은 자기 아들을 보내 그로 하여금 율법을 이루고 우리의 죄를 지게 하셨습니다. 하나님은 자신의 크신 사랑으로 말미암아 십자가에서 자기 아들을 희생 제물로 삼으셨습니다. 이를 통해 자비로운 사랑과 구원하는 긍휼을 나타내시는 동시에 자신의 공의로움과 위대함에 신실하셨습니다. 다시 말해, 하나님은 지금 자신의 의로움을 보여

주심으로써, 자신이 의로울 뿐만 아니라 예수를 믿는 사람도 의롭다 고 하시는 것입니다(롬 3:26 참고).

이것을 두 가지 일반적인 견해와 대조해 봅시다.

첫째, 대부분의 다신교는 선과 악이 우주를 지배하기 위해 싸우고 있다고 가르칩니다. 그런데 성경은 하나님께서 완전한 도덕과 율법을 수여하신 분이며, 악은 하나님이 피조물에게 베푸신 선한 선물이 부패한 결과라고 가르칩니다.

둘째, 무신론자들은 악의 존재가 하나님의 존재를 부정하게 한다고 말합니다. 그러나 그들의 견해는 확고한 근거 위에 서 있지 않습니다. 무엇이 '선'하고 '악'한지를 구별하려면, 완전한 도덕법과 비교하고 대조할 수 있어야만 합니다. 모든 인간 안에 도덕 규범에 대한 감각이 존재한다는 사실은 '도덕과 율법의 수여자'를 가리킵니다(롬 1:18-23 참고).

그러하기에 우리는 악이 있으므로 하나님이 없다고 말하지 말아야 하며, 악을 이기시는 선하고 위대하신 하나님을 신뢰해야 합니다. 성경은 악을 부정하지 않으며, 그 대신 하나님께서 악을 이기시는 이야기를 우리에게 제시합니다.

성경은 비할 데 없이 선하고 엄위로우신 하나님이 선하게 창조하신 세상에 있는 악의 문제에 관해 이야기합니다. 악은 시대를 초월하는 원리가 아니라, 역사 안에서 하나님의 다스리심을 거스른 반역 행위로 인해 선이 부패한 결과입니다. 모든 죄는 악이지만, 모든 악이 죄는 아닙니다. 세상에는 태풍, 지진, 전염병, 기근 같은 자연적 악이 가득하며, 이는 아담의 타락이 초래한 저주입니다(창 3:17-19 참고).

다음 성경 구절들을 고찰해 봅시다.

"주는 죄악을 기뻐하는 신이 아니시니 악이 주와 함께 머물지 못하며"(시 5:4).

"피조물이 허무한 데 굴복하는 것은 자기 뜻이 아니요 오직 굴복하게 하시는 이로 말미암음이라. 그 바라는 것은 피조물도 썩어짐의 종노릇한 데서 해방되어 하나님의 자녀들의 영광의 자유에 이르는 것이니라"(롬 8:20,21).

당분간은 악이 세상에 존재하지만, 하나님은 어느 날 죄와 죽음과 마귀를 멸망시킬 것이라고 약속하십니다. 우리는 이것이 사실임을 압니다. 왜냐하면 그리스도께서 부활하시면서 악이 패배하기 시작했기 때문입니다(고전 15:20-28 참고).

이 주제에 관해 더 알고자 한다면, 마이클 호튼의 『기독교 신앙의 핵심』 3장(69-86쪽)을 읽어 보십시오.

묵상을 위한 질문 ▶학생용 33쪽

1. 악과 고난이라는 문제는 신자들이 맞닥뜨리는 가장 큰 도전이 되곤 합니다. 다음 네 가지 질문들 중 당신의 상황을 잘 묘사하는 질문을 두 가지 택하여 답해 보십시오.

- 세상과 당신의 삶에 존재하는 악과 고난은 당신에게 어떤 식으로 직접 영향을 끼칩니까?
- 고난 속에서 고통을 겪을 때, 당신은 고난에 대해 어떻게 생

각합니까?

- 어두운 시간이 지나간 후, 고난에 대한 당신의 생각은 어떻게 달라졌습니까?
- 여전히 가지고 있는 의문들은 무엇입니까?

2. 하나님의 비공유적 속성 중 하나를 생각해 보십시오. 하나님이 그 특별한 속성을 가지고 계시다는 사실이 당신의 삶에서 정말로 중요했던 때를 떠올려 보십시오. 하나님의 이런 측면과 관련해 당신은 어떻게 하나님을 찬양할 수 있습니까?

3. 하나님의 공유적 속성 중 하나를 생각해 보십시오. 하나님이 그 특별한 속성을 가지고 계시다는 사실이 당신의 삶에서 정말로 중요했던 때를 떠올려 보십시오. 하나님의 이런 측면과 관련해 당신은 어떻게 하나님을 찬양할 수 있습니까?

토의를 위한 질문 ▶학생용 34쪽

1. 하나님은 악을 어떻게 하겠다고 약속하셨습니까? 우리는 왜 하나님이 이 약속을 지키실 것이라고 믿습니까?

2. 교회에 다니는 친구가 자신의 삶에 존재하는 악과 고난 때문에 하나님을 믿기가 어렵다고 고백할 때, 우리는 그의 약한 믿음을 책망하려는 유혹을 받을 수 있습니다. 우리는 그러한 사람을 어떻게 대해야 합니까? 사람들이 고민과 의심을 고백할 때, 우리는 어떻게 해야 합니까?

3. 성경은 하나님께서 위대하고 선하시다고 선포합니다. 고난을 만날 때 신자는 성경으로부터 용기와 희망을 얻습니다. 어떻게 성경을 읽어야 지식뿐만 아니라 하나님에 대한 소망과 올바르게 행할 용기까지 얻을 수 있습니까? 당신은 성경을 어떻게 읽습니까? 첫 번째 질문을 고려할 때 당신은 어떻게 변해야 합니까?

마치는 기도

다음을 위해 기도합시다.

- 모임에 참여하는 사람들의 필요를 위해
- 교회의 유익을 위해
- 믿지 않는 사람들의 구원을 위해
- 그 밖의 다른 필요들을 위해

하나님은 말씀하신다

여는 기도

자비로우신 하나님, 우리의 복과 구원을 위해 거룩한 말씀을 주시니 감사합니다. 말씀을 받아 묵상하고 행하여 아버지의 이름을 영화롭게 하고, 우리의 주요 구원자가 되시는 예수 그리스도를 통해 주변 사람들에게 선을 행할 수 있도록 우리를 깨우쳐 주소서. 성부와 성령과 함께, 우리 마음의 헌신을 받기에 합당하신 예수님의 이름으로 기도합니다. 아멘.

성경 본문 _딤후 3:10-17

디모데후서 3장 10-17절에는 친구이자 제자인 디모데를 향한 바울의 바람이 드러납니다. 바울은, 초대 교회가 시련과 박해 속에 있지만 자신이 보인 모범과 삶을 따라 예수 그리스도를 신실하게 계속 증언하라고 디모데에게 촉구합니다. 특별히 바울은 구원에 이르는 지혜가 있게 하는 거룩한 성경에 전념하라고 권고합니다. 본문은 성경이 삶과 구원을 위한 것이라고 밝힙니다. 성경에는 우리의 삶을 위해 하나님께서 주시는 구원의 메시지와 소망이 분명하게 기록되어 있습니다. 이처럼 성경은 예수님의 은혜로 구원받고 예수님을 따라 하나님을 영화롭게 하며 살도록 안내해 줍니다.

묻기

성경은 어떠한 점에서 다른 책들과 다릅니까?

보기 ▶학생용 36쪽

https://vimeo.com/167185583/fb882f06d4

읽기 ▶학생용 36쪽

하나님은 오늘날에도 우리에게 말씀하시지만, 뉴스 제목을 장식하거나 책을 파는 방식으로 하시지는 않습니다. 창세기부터 요한계시록에 이르기까지, 하나님은 자신의 아들 예수님을 "세상 죄를 지고 가는 하나님의 어린양"(요 1:29)으로 선포하십니다. 우리는 하나님의 말씀을 세 가지 각도에서 이해할 수 있습니다.

하나님은 오늘날 성경을 통해 말씀하십니다

성경은 66권으로 이루어져 있으며, 저마다 다른 시대와 장소에서 살던 저자들이 기록한 책입니다. 성경 저자들은 우리처럼 연약한 죄인이었지만, 하나님은 우리에게 말씀하고자 하신 것을 그들의 말과 생각과 개성을 사용하여 신뢰할 만한 방식으로 기록하셨습니다.

사도들과 선지자들은 후계자를 두지 않았습니다. 오히려 오늘날 일반적인 목회자들은 사도들과 선지자들이 놓은 초석 위에서 사역하며, 그들의 목회는 하나님의 말씀을 얼마나 충실히 전달하는지 여부에 따라 평가됩니다. 성경에 새롭게 계시가 더해질 수 없습니다. 성령은 하나님의 백성이 기록된 그분의 말씀을 이해하고 해석하며 순종하도록 그들의 마음과 지성에 빛을 비추십니다.

성경은 이천 년에 걸쳐 다양한 저자들에 의해 쓰였지만, 여전히 하나님만이 기록하셨다고 여기게 하는 통일성을 지닙니다. 성경은 구약의 예언부터 신약의 성취까지를 다루는 역사상 최고의 이야기로, 우리에게 위대하신 구원자를 계시하여 드러냅니다. 성경은 하나님의 영감으로 되었으며, 권위 있고 무오하며 명료하고 충분합니다. 그러하기에 우리는 그것을 하나님의 말씀으로서 신뢰합니다.

성경은 하나님께서 영감하신 책입니다. 바로 이 하나님의 말씀, 즉 성경 전체는 "하나님의 감동으로" 된 것입니다(딤후 3:16 참고). 사도 베드로는 다음과 같이 말합니다.

> "예언은 언제든지 사람의 뜻으로 낸 것이 아니요 오직 성령의 감동하심을 받은 사람들이 하나님께 받아 말한 것임이라"(벧후 1:21).

성경은 권위가 있습니다. 육신을 입은 하나님이신 예수님은 구약 성경의 권위를 인정하셨습니다(마 19:4,5 참고). 또한 예수님은 메시아에 대한 구약의 예언들이 자신에게서 성취되었다고 주장하셨습니다(눅 4:21 참고). 뿐만 아니라 예수님은 사도들에게 자기 이름으로 말하도록 권위를 부여하셨습니다(마 18:18, 28:16-20 참고).

성경은 오류가 없습니다. 성경이 기록되는 과정의 뒤에 계시는 하나님께서 위대하고 선하시므로, 마땅히 성경에 오류나 거짓이나 기만이 없다고 결론지을 수 있습니다.

"주의 말씀의 강령은 진리이오니 주의 의로운 모든 규례들은 영원하리이다"(시 119:160).

성경의 메시지는 명료합니다. 모세는 천문학자가 아니었으며, 성경은 과학 교과서가 아닙니다. 만약 본래의 목적과 범위를 넘어서는 질문에 대한 답을 찾기 위해 성경을 본다면, 성경을 전혀 다른 책으로 바꾸어 버릴 것입니다. 예수님은 바리새인들에게 다음과 같이 말씀하셨습니다.

"너희가 성경에서 영생을 얻는 줄 생각하고 성경을 연구하거니와 이 성경이 곧 내게 대하여 증언하는 것이니라. 그러나 너희가 영생을 얻기 위하여 내게 오기를 원하지 아니하는도다"(요 5:39,40 참고).

성경은 충분합니다. 성경의 범위는 하나님의 명령과 약속, 즉 율법과 복음입니다. 이 둘은 성경 이야기의 주인공이자 중심인 예수 그리스도 안에서 펼쳐지는 계획을 드러내 보이는 데 초점이 맞추어져 있습니다.

"또 이르시되 내가 너희와 함께 있을 때에 너희에게 말한 바 곧 모세의 율법과 선지자의 글과 시편에 나를 가리켜 기록된 모든 것이 이루어져야 하리라 한 말이 이것이라 하시고"(눅 24:44).

하나님은 설교를 통해 말씀하십니다

성경을 통해 말씀하시는 하나님은 특히 매주 하나님의 백성이 공적으로 모일 때 행해지는 설교를 통해 우리에게 말씀하십니다. 설교를 이해하는 한 가지 방법은 설교 가운데 이루어지는 두 가지 주요 활동, 즉 본문의 강해와 적용을 구별하는 것입니다.

성경 강해는 역사적 맥락, 원저자의 의도, 성경의 문학 형식이 가진 특성, 성경을 넓게 아우르는 구속적 목적과 관련하여 성경의 의미를 설명하려는 시도입니다. 성경은 역사, 시가, 비유, 교리 등과 같은 여러 장르의 책들로 이루어져 있습니다. 우리는 그러한 차이점을 존중하고, 성경이 스스로에게 질문하도록 허용함으로써, 하나님께서 우리에게 주고자 하시는 응답을 받아야 합니다. 이를 위해 설교자는 역사, 고대 세계, 헬라어, 히브리어를 공부하고, 성경 저자가 사용한 단어의 일반적 의미를 이해해야 합니다. 강해는 성경의 인간적이고도 역사적인 특성을 고려하는 것입니다.

성경을 읽을수록 명백해지는 것은, 성경이 하나의 통일된 구원 이야기를 거대 맥락으로 가진다는 것입니다. 성경은 하나님과 인간에 관한 이야기입니다. 성경 이야기에 따르면, 인간은 불순종하고 완고하며 방향을 잃은 존재입니다. 첫 번째 인간의 선택 때문에 인류 전체가 죄책과 부패로 엉망이 되었습니다. 성경은 인간이 처한 이러한 곤경에 대한 하나님의 응답을 제시합니다. 하나님은 예수 그리스도를 보내, 그분으로 하여금 죄 사함을 위해 살고 죽고 부활하게 하셨습니다. 이 방대한 이야기가 성경을 적용하는 데 매우 중요합니다.

적용은 오늘날 하나님께서 우리의 필요와 상황에 대해 어떻게 말씀하시는지를 드러내려는 시도입니다. 적용은 하나님의 말씀이 가지는 역사적 맥락과 구속적 의도가 오늘날 우리와도 관련이 있음을 보여 줍니다. 성경은 하나님께서 우리의 삶에 어떻게 간섭하시는지, 그리고 그분이 어떻게 우리와 함께 계시며 자비와 은혜로 우리에게 자신을 주시는지를 보여 줍니다.

예를 들어 사도행전에 나오는 사도들의 설교를 보면, 그들이 이처럼 성경을 강해하고 그것을 삶에 적용하고 있음을 볼 수 있습니다. 사도행전 2장에서 베드로는 구약의 선지자 요엘의 본문을 인용하면서, 그의 예언이 예수님의 신분과 사역에서 어떻게 성취되었는지를 말해 줍니다. 그러고 나서 베드로는 예수 그리스도께서 희생 제사와 죽음을 통해 이루신 기쁜 소식에 우리가 합당하게 반응해야 함을, 즉 우리가 구원을 얻기 위해 죄를 회개하고 예수님을 의지해야 함을 언급합니다. 이것이 바로 그리스도가 성경 강해와 적용의 중심이 되는 '기독교' 설교가 어떠했는지를 보여 주는 첫 사례입니다.

하나님은 율법과 복음을 말씀하십니다

하나님 말씀의 두 가지 요소는 율법과 복음입니다.

율법은 성경을 통해 하나님께서 우리에게 행하라고 명하신 것이나 하지 말라고 금하신 것을 모두 포함합니다. 바울은 로마서에서 율법의 본질을 잘 설명합니다.

"율법의 행위로 그의 앞에 의롭다 하심을 얻을 육체가 없나니 율법으로는 죄를 깨달음이니라”(롬 3:20).

율법은 인간 안에서 오는 말씀이며, 만인의 마음에 기록된 것입니다(롬 2:15 참고). 율법은 이스라엘의 역사에서는 돌판 위에 기록되었고, 인간의 역사에서는 양심에 새겨져 있습니다. 모든 사람이 자신에게 율법이 되며, 다른 사람들에게 율법을 제시합니다. 당신이 친구에게 조언을 구할 때, 친구는 “이렇게 해” 또는 “그렇게 하지 마” 하는 식으로 답할 것입니다. 율법은 구원의 희망을 주지 못하며, 단지 우리가 무엇을 잘못했고 일을 바로잡기 위해 어떻게 해야 하는지를 알려 줄 뿐입니다(롬 3:19,20 참고). 율법은 “이를 행하면 그로 말미암아 살리라”(레 18:5; 갈 3:12 참고)라고 말합니다.

율법은 악한 것이 아닙니다. 실제로 율법 자체는 하나님으로부터 왔으며 하나님의 선하심을 반영하기 때문에 선합니다. 사도 바울도 “율법은 신령”(롬 7:14)하다고 말합니다. 그러므로 잘 알다시피, 문제가 되는 것은 율법이 아니라 우리 자신입니다. 바울이 말하듯이, “율법은 신령”하지만 우리는 “육신에 속하여 죄 아래에 팔려” 있습니다(롬 7:14 참고). 우리는 악하며, 율법은 우리의 죄를 드러냅니다. 바로 이 때문에 율법이 우리에게 나쁜 소식이 되는 것입니다.

복음은 구약성경과 신약성경 전체에 걸쳐 주어진 기쁜 소식으로, 하나님께서 세상을 자신과 화목하게 하시려고 사랑으로 그리스도 안에서 행하신 일과 관련됩니다(고후 5:19 참고). 하나님의 율법은 선하지만, 죄인인 우리는 율법을 지킬 수 없습니다. 감사하게도 하나님은 자기 아들을 보내 우리가 할 수 없는 것을 우리를 위해 행하게 하셨습니다. 바울은 로마서에서 하나님 말씀의 이러한 측면을 다음과 같이 잘 설명합니다.

"이제는 율법 외에 하나님의 한 의가 나타났으니 율법과 선지자들에게 증거를 받은 것이라. 곧 예수 그리스도를 믿음으로 말미암아 모든 믿는 자에게 미치는 하나님의 의니 차별이 없느니라"(롬 3:21,22).

복음은 우리 밖에서 오는 말씀이며 그리스도 안에서 하나님에 의해 계시된 것으로, 반드시 선포되어야 합니다. 복음은 하나님께서 그리스도 안에서 우리와 화목을 이루기 위해 행하신 일, 즉 율법의 모든 요구를 만족시키고 모든 죄를 사하셨다는 좋은 소식입니다. 예수님은 율법의 명령을 이루셨고, 율법의 요구를 충족시키셨습니다. 복음은 "믿으라, 그것이 이미 이루어졌다"라고 말합니다. 십자가 위에서 예수님이 마지막으로 하신 말씀인 "다 이루었다"(요 19:30)는 복음의 좋은 소식을 잘 요약합니다.

성경 구절을 읽을 때 그것이 당신에게 명령하는지 또는 약속하는지 여부에 따라, 그것이 율법인지 또는 복음인지를 얼른 구별할 수 있습니다. 율법의 명령은 당신이 무언가를 하거나 하지 말아야 한다고 말합니다. 반면에 복음은 하나님께서 당신을 위해 무엇을 하셨고, 무엇을 하실 것인지를 알려 줍니다.

성경은, 율법이 결코 우리를 구원할 수 없으며, 오직 예수님만이 우리를 구원하신다고 선포합니다. 이것이 기독교가 세상의 다른 종교와 다른 점입니다. 그 어떤 종교도 우리가 우리를 위해 할 수 없는 일을 하나님이 행하신다는 사실을 말해 주지 않습니다. 복음, 즉 예수 그리스도 안에서 하나님께서 값없이 은혜를 베푸신다고 선포하는 종교는 없습니다.

"우리 주 예수 그리스도로 말미암아 하나님께 감사하리로다"(롬 7:25).

이 주제에 관해 더 알고자 한다면, 마이클 호튼의 『기독교 신앙의 핵심』 4장(89-106쪽)을 읽어 보십시오.

묵상을 위한 질문 ▶학생용 44쪽

1. 본 과에서 성경의 권위에 관한 본문을 찾아보십시오. 당신이 출석하는 교회와 당신의 신앙생활에서 성경이 하나님의 말씀으로 존중받을 수 있는 방법에는 무엇이 있습니까?

2. 성경 강해란 무엇입니까? 성경의 적용은 왜 중요합니까?

3. 하나님은 성경을 통해 강력한 은혜의 메시지를 전하십니다. 당

신이 알고 있는 성경 구절 중 복음에 관한 핵심 구절들을 떠올려 보십시오. 그 구절들은 하나님에 대해 뭐라고 가르칩니까?

토의를 위한 질문 ▶학생용 45쪽

1. 성경은 무오하며 하나님의 영감으로 되었지만, 우리의 해석은 그렇지 않습니다. 그런데 우리는 성경을 읽을 때마다 해석을 해야만 합니다. 이러한 사실은 성경을 읽는 우리를 어떻게 겸손하게 합니까?

2. 때때로 사람들은 성경을 '묵상'하는 것과 '연구'하는 것을 대립시킵니다. 당신은 지금 성경을 어떻게 읽고 있습니까? 본 과를 마친 후 성경 읽는 방식을 어떻게 바꿀 수 있겠습니까?

3. 비록 율법으로 구원을 받지는 않지만, 우리는 여전히 율법을 지킴으로써 하나님을 영화롭게 해야 합니다. 은혜로 구원받음을 아는 것이 선을 행하도록 어떻게 촉구합니까? 너무 쉽거나 너무 어려워서 지나치기 쉬운 선행에는 어떤 것들이 있습니까?

마치는 기도

다음을 위해 기도합시다.

- 모임에 참여하는 사람들의 필요를 위해
- 교회의 유익을 위해
- 믿지 않는 사람들의 구원을 위해
- 그 밖의 다른 필요들을 위해

5과

하나님이 창조하신 세상이 인간 때문에 엉망이 되었다

여는 기도

전능하신 하나님, 우리는 생각과 말과 행동으로 주님께 범죄하였으며, 해야 할 것과 하지 말아야 할 것을 분별하는 데 실패했습니다. 우리는 주님을 온 맘으로 사랑하지 못했으며, 이웃을 내 자신처럼 사랑하지 못했습니다. 진정으로 회개하고 겸손하게 돌이켜 하나님의 법을 따를 수 있도록 은혜를 구하오니, 아들로 말미암아 우리를 불쌍히 여겨 용서해 주시고, 하나님 이름의 영광과 이웃의 유익을 위해 살게 하여 주소서. 예수님의 이름으로 기도합니다. 아멘.

성경 본문 _창 3:1-24

창세기 3장은 최초의 인간에 관해 이야기합니다. 하나님은 에덴동산을 만드시고, 인간을 거기에 두어 그곳을 경작하고 지키게 하셨습니다. 그들은 선악을 알게 하는 나무의 열매를 제외한 모든 나무의 열매를 먹을 수 있었습니다. 그러던 어느 날, 뱀이 동산에 들어와 여자를 유혹합니다. 결국 여자는 선악을 알게 하는 나무의 열매를 따 먹고, 남편에게도 열매를 주어 먹게 합니다. 그리고 자기들이 벗었음을 깨닫습니다. 그들은 하나님께 불순종하는 죄를 범했으며, 이제 모든 인류는 그 영향 아래 있게 되었습니다. 그러나 소망은 있습니다. 저주의 형태로 뱀을 벌하신 하나님께서 뱀의 머리를 상하게 할 후손을 여자에게 약속하셨기 때문입니다. 그 약속은 예수님께서 죄와 죽음과 사탄에 대해 승리하심으로써 성취되었습니다.

묻기

죄가 신자들뿐만 아니라 불신자들에게도 그토록 나쁘게 여겨지는 이유는 무엇입니까?

보기 ▶학생용 47쪽

https://vimeo.com/167288595/4c92ea5161

읽기 ▶학생용 47쪽

성경은 하나님께서 세상을 매우 좋게 만드셨다고 우리에게 말합니다(창 1:31 참고). 만약 이것이 사실이라면 왜 사람들은 살면서 그토록 많은 고난을 만날까요? 지금과 같은 세상을 이해하기 위해 우리는 성경이 창조에 대해 어떻게 설명하는지, 그리고 그 설명에서 인간이 어떠한 위치에 있는지를 알아야 합니다.

성경은 하나님의 창조 사역에 관해 다음과 같이 증언합니다.

- 하나님은 만물의 창조자이십니다.

  "태초에 하나님이 천지를 창조하시니라"(창 1:1).

- 또한 우리는 하나님께서 말씀으로 무(無)로부터 만물을 만드셨음을 알게 됩니다.

  "하나님이 이르시되 빛이 있으라 하시니 빛이 있었고"(창 1:3).

- 하나님의 명령들은 피조물의 반응을 이끌어 냈습니다.

  "하나님이 이르시되 땅은 생물을 그 종류대로 내되 가축과 기는 것과 땅의 짐승을 종류대로 내라 하시니 그대로 되니라"(창 1:24).

이 말씀은 하나님과 피조물의 특수한 관계를 나타냅니다. 즉, 하나님은 주가 되시며, 피조물은 그분의 종이 됩니다. 두 가지 범주만이 존재합니다. 하나님과 그 밖의 모든 것, 즉 창조주와 피조물입니다. 하나님은 인간만을 그분의 형상으로 만드셨고, 피조 세계에서 특별한 임무를 맡기셨습니다.

"하나님이 이르시되 우리의 형상을 따라 우리의 모양대로 우리가 사람을 만들고 그들로 바다의 물고기와 하늘의 새와 가축과 온 땅과 땅에 기는 모든 것을 다스리게 하자 하시고, 하나님이 자기 형상 곧 하나님의 형상대로 사람을 창조하시되 남자와 여자를 창조하시고"(창 1:26,27).

하나님은 인간을 자신의 왕 같은 대리자로 삼으셨습니다

인간이 된다는 것은, 하나님께 속한 사랑과 의와 거룩함과 정의의 선한 질서를 유지하는 숭고한 사명을 가진다는 것입니다. 본래 모든 사람은 이러한 하나님의 부르심을 인식합니다. 즉, 모든 사람의 양심에는 하나님의 도덕법이 새겨져 있습니다(롬 1:20 참고).

하나님은 자신의 형상을 가진 존재인 아담을 "에덴동산에 두어 그것을 경작하며 지키게"(창 2:15) 하셨습니다. 그 후 하나님은 그가 언약에 신실한지를 시험하고자 아담에게 한 가지를 명하셨습니다.

"여호와 하나님이 그 사람에게 명하여 이르시되 동산 각종 나무의 열매는 네가 임의로 먹되 선악을 알게 하는 나무의 열매는 먹지 말라. 네가 먹는 날에는 반드시 죽으리라 하시니라"(창 2:16,17).

왕이신 하나님께서 임명하신 대사였던 아담과 하와는 자신들에게 주어진 권위를 행사하여 동산에서 하나님의 원수를 쫓아내야 했습니다. 그러나 뱀, 즉 사탄은 쫓겨나기는커녕 하나님의 말씀을 왜곡하고 더럽혔습니다. 사탄은 아담과 하와가 금지된 열매를 먹어도 죽지 않을뿐더러 오히려 "하나님과 같이 되어 선악을 알게" 되리라고 말하며, 그들을 부추겨 하나님에게 반역하게 했습니다(창 3:5 참고). 사탄은 그들이 하나님 대신 자기에게 순종하면 자유롭게 되리라고 거짓 약속을 했지만, 그런 자유가 불가능함을, 다시 말해 아담과 하와가 누군가를 섬겨야만 했음을 알고 있었습니다. 사탄은 인간이 하나님이 아니라 자기의 형상을 가지기를 원했습니다.

아담과 하와는 그들의 왕에게 반역하는 죄를 저질렀습니다

"여자가 그 나무를 본즉 먹음직도 하고 보암직도 하고 지혜롭게 할 만큼 탐스럽기도 한 나무인지라. 여자가 그 열매를 따 먹고 자기와 함께 있는 남편에게도 주매 그도 먹은지라"(창 3:6).

그 열매를 먹자, 아담과 하와의 눈이 밝아졌습니다. 그러나 그것은 그들이 기대하던 바와 달랐습니다. 그들은 벌거벗었고 수치를 느꼈습니다. 인간이 만든 무화과나무 잎으로는 죄와 형벌을 가릴 수 없었습니다(창 3:7 참고).

하나님은 동산에서 아담과 하와를 발견하셨고, 그들의 반역에 대해 해명을 요구하셨습니다(창 3:8-10 참고). 그리고 하나님은 다음과 같이 형벌을 내리시며 의롭게 심판하셨습니다.

- 하나님은 뱀을 저주하셨습니다(창 3:14,15 참고).
- 하나님은 하와에게 출산의 고통을 크게 더하셨고, 자신을 다스릴 남편을 바라게 하셨습니다(창 3:16 참고).
- 하나님은 땅을 저주하셨고 아담은 많은 땀을 흘려야 먹을 수 있게 되었습니다(창 3:17-19 참고).

하나님의 언약의 종인 아담은 자신의 존귀한 지위를 가볍게 여기고 왕에게 반역하는 죄를 범했습니다. 아담의 반역 때문에 죄와 비참함이 세상에 들어왔고, 하나님과 피조물의 언약 관계가 깨졌습니다. 하나님은 동물 가죽으로 지은 옷을 아담과 하와에게 입히셨고, 그들이 생명나무 열매 먹는 것을 금하셨습니다. 이제 아담과 그의 후손은 죄의 종이 되어 하나님으로부터 멀어졌습니다(사 59:2; 요 8:34 참고).

이 주제에 관해 더 알고자 한다면, 마이클 호튼의 『기독교 신앙의 핵심』 5장(109-132쪽)을 읽어 보십시오.

묵상을 위한 질문 ▶학생용 51쪽

1. 당신은 하나님의 형상대로 창조되었다는 것에 대해 어떻게 생각합니까? 폭력 범죄의 피해자는 실제로 인간으로서의 가치에 대한 감각을 잃을 수 있습니다. 인간의 존엄에 대한 감각을 상실한 사람에게 당신은 뭐라고 말해 주고 싶습니까?

2. 창세기 3장은 아담과 하와가 하나님께 죄를 짓고 타락한 이야기를 기록합니다. 당신은 세상에 존재하는 죄와 불행을 어떻게 생각합니까? 죄와 불행 가운데 있는 이들을 위해 뭐라고 기도해야 하겠습니까?

3. 시편 19편은 피조 세계가 하나님의 영광을 드러내는 것을 아름

답게 노래합니다. 이 시편에서 당신에게 인상적으로 다가오는 구절을 두 가지만 적어 보십시오.

토의를 위한 질문 ▶학생용 52쪽

1. "인간이 된다는 것은, 하나님께 속한 사랑과 의와 거룩함과 정의의 선한 질서를 유지하는 숭고한 사명을 가진다는 것입니다. 본래 모든 사람은 이러한 하나님의 부르심을 인식하고 있습니다. 즉, 모든 사람의 양심에는 하나님의 도덕법이 새겨져 있습니다(롬 1:20 참고)." 이 부분을 읽을 때, 당신은 어떤 생각이 듭니까? 사람들을 "하나님의 형상대로 창조된" 존재로 보기 위해 날마다 우리가 할 수 있는 일은 무엇입니까?

2. 마태복음 22장 34-40절에서 예수님은 하나님의 율법 전체가 하나님을 사랑하고 이웃을 내 몸같이 사랑하라는 것으로 요약될

수 있다고 가르치신 후에, 다음과 같이 말씀하십니다.

"화 있을진저 외식하는 서기관들과 바리새인들이여 너희가 박하와 회향과 근채의 십일조는 드리되 율법의 더 중한 바 정의와 긍휼과 믿음은 버렸도다. 그러나 이것도 행하고 저것도 버리지 말아야 할지니라"(마 23:23).

우리에게 도전하는 우리의 상황 속에서 더 중요한 율법의 내용은 무엇입니까?

3. 창세기 1장은 하나님께서 창조주이심을 드러냅니다. 무로부터 세상을 창조할 만큼 능력이 많으신 하나님은 분명히 우리의 삶 가운데 일하시며, 누구든지 자신에게로 오는 자를 넉넉히 구원하실 능력을 가지고 계십니다. 당신이 아는 사람들 중 아직 구원자이신 예수님을 모르는 이들을 생각할 때, 구원하시는 하나님의 능력은 어떤 희망을 줍니까?

마치는 기도

다음을 위해 기도합시다.

- 모임에 참여하는 사람들의 필요를 위해
- 교회의 유익을 위해
- 믿지 않는 사람들의 구원을 위해
- 그 밖의 다른 필요들을 위해

6과

하나님이 약속하셨다

여는 기도

자비로우신 하나님 아버지, 주님은 한 백성을 택하여 땅을 주시고, 그들을 통해 열방에 복을 주겠다고 약속하셨습니다. 그리고 예수 그리스도의 삶과 죽음과 부활을 통해 주님께서 신실하심을 계시하셨습니다. 주님은 자기 백성을 모으고, 세계를 재창조하며, 모든 나라에 구원을 베푸는 하나님이십니다. 성부와 성령과 함께, 한 분 하나님이시며 지금, 그리고 영원토록 모든 나라에 복을 주시는 예수 그리스도를 통해 하나님 나라가 은혜와 능력으로 임함을 신뢰하며, 주님의 자비를 나누고 공의와 정의를 추구하도록 우리에게 용기를 주소서. 예수님의 이름으로 기도합니다. 아멘.

성경 본문 _창 15:1-20

창세기 15장은 하나님께서 아브라함과 맺으신 약속에 관해 기록합니다. 하나님은 아브라함에게 복을 주시고 하늘의 별보다 많은 후손을 주겠노라고 약속하셨습니다. 그러고 나서 하나님은 고대 근동에서 일반적으로 행해지던 계약 방식으로 언약을 체결하면서, 그분의 약속이 아브라함의 순종이 아니라 그분 자신의 사랑과 은혜에 전적으로 의존할 것임을 분명히 말씀하셨습니다.

묻기

구원이 값없는 선물이라는 것은 쉽사리 이해되지 않습니다. 어떠한 점이 그렇게 만든다고 생각합니까?

보기 ▶학생용 54쪽

https://vimeo.com/167289818/3e200fa5e6

읽기 ▶학생용 54쪽

구약의 이야기들은 단순한 도덕적 가르침보다 훨씬 많은 것을 포함합니다. 실제로 구약 이야기들은 더 큰 이야기와 더 웅장한 줄거리를 드러냅니다. 우리는 성경에서 발견되는 훌륭한 사례들로부터 배울 수 있고, 또 배워야 합니다. 그러나 이야기들을 하나로 묶는 것은 도덕이 아니라 바로 구속임을 알아야 합니다.

아담부터 아브라함과 다윗에 이르기까지 모든 구약의 인물들과 이야기들은, 모든 인간이 성령의 능력을 통해 아들의 이름으로 생명을 가질 수 있도록 성부 하나님께서 성자이신 예수님을 보내시는 웅장한 드라마 안에서 각자의 자리를 가집니다. 예수님이 말씀하셨듯이, 구약성경은 예수님에 대해 증언합니다(눅 24:25-27; 요 5:39 참고). 따라서 우리는 성경을 아주 특별한 약속의 성취이신 예수 그리스도라는 렌즈를 통해 보아야 합니다.

성경 이야기에는 하나님의 약속이 펼쳐집니다. 바로 하나님께서 아들이신 예수님의 성육신과 생애와 죽음과 부활과 승천과 재림을 통해, 죄로 인해 마땅히 죽어야 하는 우리를 영광으로 높이실 것이라는 약속입니다. 사실상 아브라함, 모세, 다윗, 다니엘은 모두 약속된 영생을 선물로 받은 복된 수혜자들입니다. 따라서 하나님은 역사상 가장 위대한 이야기 속의 궁극적 영웅이십니다.

언약은 이 약속의 핵심 배경입니다. 기억하십시오. 언약이란 둘 이상의 당사자들이 서로의 관계를 설정하는 맹세 또는 약속입니다(5과 참고). 성경 전체에 걸쳐 여러 언약들이 나오지만, 각각의 언약은 하나의 중심 진리로 통합됩니다. 그렇다면 하나님께서 아브라함과 모세, 그리고 다윗과 맺고 지키신 언약들을 살펴봅시다.

아브라함 언약

아브라함 언약의 조항들은 무조건적이며 영원합니다. 당시 언약을 체결하는 경우 한 당사자가 다른 당사자보다 높은 지위를 가지는 경우가 보통이었습니다. 창세기 15장은 이에 대한 명백한 사례를 제시합니다. 거기서 하나님은 쪼개진 동물 사이로 지나가심으로써 언약 체결 의식을 마치십니다. 이것은 성경 시대에 조약을 맺는 일반적인 방식이었습니다. 동물 사이를 지나가는 것은, 당사자가 조약의 조항들을 이행하지 않을 경우 이 동물처럼 될 것임을 뜻했습니다. 보통의 상황에서는 낮은 지위에 있는 당사자, 즉 본문의 경우 아브람(창세기 17장에서 하나님은 아브람의 이름을 아브라함으로 바꾸심)이 지나가야 했습니다. 그러나 놀랍고도 아름답게도, 높은 지위에 있는 당사자이신 하나님이 짐승 조각들 사이로 지나가십니다. 무조건적이고 영원한 언약을 이행하지 못할 경우 하나님께서 기꺼이 죽으시겠다는 것입니다!

모세 언약

시내산 언약(또는 모세 언약)의 조항들은 조건적이며 일시적이었습니다. 시내산에서 이스라엘과 언약을 맺으실 때, 하나님은 언약의 중보자인 모세에게 율법을 주셨습니다. 이스라엘은 그들 삶의 모든 측면을 지배할 구체적인 명령을 받았습니다. 여기서 피의 희생 제사 제도와 장막과 제사장 제도는 거룩하신 하나님이 요구하시는 의가 어떤 것이고 죄가 얼마나 심각한 것인지를 나타내며, 하나님과 인간의 화목을 위해 모세보다 큰 중보자가 필요하다는 것을 증언합니다. 백성은 믿지 않고 불순종했지만, 하나님은 자신의 신실하심과 인자하심을 반복해서 나타내셨습니다. 이스라엘은 아무리 애를 써도 언약의 조항들을 지킬 수 없었습니다. 모세를 이어 여호수아가 이스라엘 백성을 약속의 땅 가나안으로 인도했지만, 이스라엘은 하나님의 명령에 끊임없이 불순종했습니다. 이스라엘은 약속을 지키지 못했지만, 하나님은 조건적이고도 일시적인 시내산 언약을 통해 이스라엘에게 약속하신 것들을 모두 지키셨습니다(수 23:14 참고).

다윗 언약

다윗 언약을 통해 하나님은 다윗의 후손이 영원히 보좌에 앉아 통치할 것을 약속하셨습니다. 사사 시대에도 이스라엘 백성은 신실하지 못했고, 하나님을 버렸으며, 다른 신들을 따랐습니다. 이스라엘의 초대 왕인 사울은 출중했지만, 하나님이 요구하시는 만큼 순종하지 못했습니다. 그리하여 하나님은 다윗을 이스라엘 왕으로 택하셨습니다. 다윗은 일시적인 장막을 영원한 성전으로 바꾸기를 소원했는데, 하나님은 그 소원을 기회로 삼아 다윗과 파기되지 않는 언약을 맺으셨습니다(삼하 7:4-17 참고). 다윗은 비록 죄를 짓기도 했지만, 그의 가문과 왕조가 그의 아들이 다스리는 보좌 위에서 영원할 것이라는 약속을 받았습니다.

다윗의 아들 솔로몬은 지혜롭기로 유명했지만, 그 또한 죄의 어리석음을 피하지 못했습니다. 솔로몬은 약속된 영원한 왕이 아니었습니다. 수많은 세대가 지나는 동안, 우리가 성경에서 보는 수많은 왕들이 등장하고 사라졌습니다. 그들은 대부분 백성을 하나님으로부터 멀어지게 만들었습니다. 결국 하나님의 백성은 그 죄가 많아져 심판을 피할 수 없게 되었습니다. 이스라엘과 유다는 이방 나라에 정복당한 후 포로로 잡혀갔습니다.

하나님은 자기 아들을 보내 백성에게 의로우신 왕이 되게 하심으로써 다윗에게 하신 약속을 지키셨습니다. 일시적이고도 조건적인 시내산 언약이 아니라 아브라함 언약과 다윗 언약에 근거한 소망은 여전히 남아 있습니다. 새언약이 예레미야 31장 31-34절에 약속되어 있습니다. 여기서 하나님은, 신실하지 않은 백성을 향해 더 위대한 선지자, 제사장, 왕을 세울 것이며, 그가 구약의 모든 약속들과 명령들을 성취하고 그분의 보좌를 영원히 세울 것이라고 약속하십니다. 그는 하나님의 백성을 더 위대한 출애굽으로 이끌고, 더 위대한 약속의 땅으로 들어가게 할 것입니다.

하나님께서 자기 백성을 구속하시는 일에는 희생이 따릅니다. 예수님은 가장 완전하게 사시고, 죽음으로 희생 제사를 드리고, 부활하심으로써 자신의 의로움을 입증하셨습니다. 이를 통해 그분은 자기 백성을 위해 죽음 자체를 정복하시고, 그들을 하나님의 임재 안으로 영원히 들어가게 하셨습니다.

이 주제에 관해 더 알고자 한다면, 마이클 호튼의 『기독교 신앙의 핵심』 6장(135-158쪽)을 읽어 보십시오.

묵상을 위한 질문 ▶학생용 59쪽

1. "성경 이야기에는 하나님의 약속이 펼쳐집니다. 바로 하나님께서 아들이신 예수님의 성육신과 생애와 죽음과 부활과 승천과 재림을 통해, 죄로 인해 마땅히 죽어야 하는 우리를 영광으로 높이실 것이라는 약속입니다." 이 본문은 당신이 성경과 역사를 이해하는 방식을 잘 반영합니까? 끝나지 않을 것 같은 괴로움 속에서 삶이 허무하다고 느끼는 신자에게 이 신학적 진술이 어떤 소망을 줍니까?

2. 이스라엘의 역사는 "백성은 믿지 않고 불순종했지만, 하나님은 자신의 신실하심과 인자하심을 반복해서 나타내셨습니다"라는 문장으로 요약될 수 있습니다. 당신의 삶도 이와 같습니까?

3. 다윗의 후손인 예수님은 세상을 의롭게 통치하실 약속된 왕입니다. 시편 2편을 읽으십시오. 예수님의 통치와 관련해 어떤 점이 인상적입니까?

토의를 위한 질문 ▶학생용 60쪽

1. 조건적 약속과 무조건적 약속은 어떠한 점이 다릅니까?

2. 이스라엘의 역사는 "백성은 믿지 않고 불순종했지만, 하나님은 자신의 신실하심과 인자하심을 반복해서 나타내셨습니다"라는 문장으로 요약될 수 있습니다. 당신의 삶도 이와 같습니까? 이 사실이, 하나님께서 은혜에서 멀리 떠난 사람들을 모으실 수 있다는 것을 어떻게 확신하게 합니까?

3. 시편 2편 10절은 "그런즉 군왕들아 너희는 지혜를 얻으며 세상의 재판관들아 너희는 교훈을 받을지어다"라고 말씀합니다. 만약 이것이 하나님의 약속일 뿐만 아니라 하나님의 백성이 입술로 소망을 표현하는 것이라면, 당신은 어떤 생각이 듭니까? 이 성경 구절이, 안으로는 죄에 눌리고 밖으로는 악에 사로잡혀 있다고 느끼는 사람들을 어떻게 위로할 수 있습니까? 당신은 왕이신 예수님의 복음이 무엇이라고 생각합니까?

마치는 기도

다음을 위해 기도합시다.

- 모임에 참여하는 사람들의 필요를 위해
- 교회의 유익을 위해
- 믿지 않는 사람들의 구원을 위해
- 그 밖의 다른 필요들을 위해

기쁘다, 구주 오셨네

여는 기도

여호와 하나님, 우리를 위해 삶과 죽음의 고통과 환난을 당하도록 겸손한 아들을 보내 주시니 감사합니다. 하나님께서 성령의 능력으로 그 아들을 다시 살리셨습니다. 그리스도는 아버지의 오른편에 앉으셨고, 거기서 하나님 나라가 완전히 임하도록 다시 오실 날을 기다리고 계십니다. 이제 우리도 은혜로 말미암아 하나님 나라에 대해 부분적으로 압니다. 예수님이 다시 오실 날, 성부와 성령과 함께 한 분 하나님이시며 지금, 그리고 영원토록 다스리시는 예수 그리스도를 통해 주님의 자비를 의지하는 백성이 모든 고통과 질병과 죽음에서 벗어나게 될 날을 기다리며 소망하도록 도와주소서. 예수님의 이름으로 기도합니다. 아멘.

성경 본문 _마 1:18-25

마태복음 1장 18-25절은 예수님의 탄생에 관해 이야기합니다. 이 이야기는 한 처녀가 아이를 가졌음을 알게 되는 것으로 시작합니다.

문제는 그녀가 아직 요셉과 결혼하지 않은 상태였다는 것입니다. 그녀가 다른 남자와 있었던 것처럼 보일 수 있었지만, 실제로는 하나님께서 성령의 권능을 통해 처녀인 마리아가 초자연적으로 임신하게 하신 것이었습니다. 이 사실을 몰랐던 요셉은 그 일을 공개하여 마리아를 수치스럽게 하기보다 조용히 약혼을 깨고자 했습니다. 그런데 천사가 그에게 나타나 하나님께서 행하시는 일을 알려 주면서 마리아를 아내로 데려오라고 말합니다. 이 아기가 바로 자기 백성과 함께 계신 하나님, 즉 그들을 죄에서 구하기 위해 이 땅에 오신 예수님이십니다.

묻기

가장 좋아하는 성탄절 찬송은 무엇입니까? 왜 그 곡이 좋습니까?

보기 ▶학생용 62쪽

https://vimeo.com/167290759/80a068408a

읽기 ▶학생용 62쪽

누구든지 세상에서 가장 좋은 소식을 듣는다면, 소리 높여 노래할 것입니다. 예수님이 오심으로써 하나님의 이야기는 전환점을 맞이합니다. 하나님은 이스라엘에게 구속자를 보내셨습니다. 그러나 실제로 그 구원자는 하나님의 백성을 신정적인 법에 매이고 물리적인 땅으로 구성된 민족이나 국가로 회복시키지 않았습니다. 예수님은 아담과 이스라엘과 모든 인류가 순종하는 데 실패한 하나님의 율법을 완전히 지킴으로써 자기 백성들을 위해 영생을 준비하시고, 그들의 죄를 대신하여 자신을 온전한 희생 제물로 드리기 위해 오셨습니다.

성경은 본질적으로 구속 이야기입니다

성경은 크게 여자의 후손과 뱀의 후손이 전쟁하는 구조를 띱니다(창 3:15 참고). 구약 전반에 걸쳐, 마귀는 타락한 백성을 구원하시려는 하나님의 계획을 방해하고자 무척 애를 씁니다. 노아 때부터 아브라함이 받은 시험에 이르기까지, 그리고 바로가 히브리 민족을 괴롭히고 이스라엘 백성이 광야에서 고생할 때부터 다윗이 실패한 시험에 이르기까지, 사탄은 메시아의 오심을 방해하고 하나님의 백성을 멸하려고 했습니다.

예수님의 탄생에 대한 누가의 설명에 따르면, "유대 왕 헤롯 때에"(눅 1:5) 천사는 가장 놀라운 소식을 가지고 마리아라는 유대인 처녀에게 나타났습니다. 그녀가 예수라고 이름하는 아들을 잉태할 것인데, 그는 "지극히 높으신 이의 아들이라 일컬어질 것이요"(눅 1:32) "그 나라가 무궁"할 것이라는 소식이었습니다(눅 1:5-33 참고). 예수님이 태어나신 후에도, 사탄은 약속의 씨를 제거하려는 시도를 그치지 않았습니다. 헤롯은 동방 박사에게서 왕이 탄생했다는 소식을 듣고 나서, 자신의 왕위를 두고 쟁탈이 벌어질 가능성을 제거하고자 두 살 이하의 아이를 모두 죽이라고 명령했습니다. 그러나 하나님은 예수님을 모든 악으로부터 보호하셨고, 예수님은 지혜와 키가 자라 갔습니다(마 2:13-15; 눅 2:52 참고).

예수님은 참되고 신실하신 아들입니다

누가는 예수님의 족보를 기록하면서 아담을 "하나님의 아들"이라고 불렀습니다(눅 3:38 참고). 그러나 아담은 하나님께 불순종했습니다. 출애굽기 4장 22,23절에서 하나님은 이스라엘을 "내 장자"라고 부르십니다. 그러나 이스라엘도 하나님의 법을 지키지 못했습니다. 아담을 통해 죄가 세상에 들어온 이후로 끊임없이, 하나님은 본분을 깨닫고 기뻐하며 감사하는 마음으로 율법을 지킬 아들, 곧 참되고도 신실한 인간 아들을 기다리셨습니다.

하나님의 참되고도 신실한 아들이 되기 위해, 예수님은 다음과 같이 특별한 요구 사항들과 예언들을 성취하셔야 했습니다.

- 더 큰 아담: 예수님은 아담이 합격하지 못한 시험을 통과하고 생명나무의 열매를 먹을 권리를 얻기 위해, 아담에게서 나온 완전한 인간 후손이셔야 했습니다(레 17:11; 히 4:15, 9:22, 10:4 참고).
- 약속의 씨: 예수님은 세상의 복이 될 약속의 자녀가 되시기 위해, 하갈로 대표되는 바 인간의 노력에 의한 자녀가 아니라 사라로 대표되는 바 참된 아브라함의 후손이셔야 했습니다(갈 4:21-34 참고).
- 영원한 왕: 예수님은 영원한 보좌에서 다스리기 위해 율법을 온전히 지킬 수 있는 참된 이새의 줄기이자 다윗의 후손이셔야 했습니다(삼하 7:12,13; 사 11:1; 왕상 9:4-9, 11:4-8 참고).

사복음서는 인류를 죄와 심판과 죽음에서 구원하시기 위해 그리스도께서 행하신 일에 관해 설명합니다. 그 어떤 인간도 하나님의 법을 온전히 지킬 수 없는 반면에, 완전한 하나님이요 완전한 인간이신 예수님만이 이스라엘의 완전한 아들일 수 있었습니다.

예수님은 이스라엘 나라가 지키지 못한 하나님의 법을 모든 방식으로 지키셨습니다. 모세를 중보자로 한 언약은 조건적이었으며, 지속될 것이 아니었습니다. 예수님이 완전한 생애를 사시고 그분을 믿는 모든 사람들을 위해 완전한 희생 제물로 자신을 드리셨을 때, 옛(모세)언약은 폐기되었습니다. 아브라함 언약의 더 크고도 무조건적인 약속들은 예수 그리스도를 통한 은혜의 새언약 안에서 성취되었습니다. 결국 하나님은 기꺼이 아버지께 순종하고 하나님의 뜻에 따라 모든 것을 행하는, 참되고도 신실한 아들을 가지신 것입니다.

하나님은 의롭지 못한 인간들을 그리스도 안에서 의롭다 선포하십니다

그리스도께서 율법을 성취하시고 완전한 희생 제사를 드리신 것이 우리에게 어떠한 의미입니까? 칭의 교리는 죄악된 인간이 거룩하신 하나님 앞에서 그리스도의 구속 사역을 통해 어떻게 의롭다 선포되는지를 설명해 줍니다.

"그런즉 한 범죄로 많은 사람이 정죄에 이른 것같이 한 의로운 행위로 말미암아 많은 사람이 의롭다하심을 받아 생명에 이르렀느니라"(롬 5:18).

죄를 씻는 것만으로 충분하지 않습니다. 영생을 얻기 위해서는 하나님 앞에서 의롭게 되어야 합니다. 우리가 오직 그리스도를 의지할 때, 우리의 저주가 그리스도에게로 전가될 뿐만 아니라 그리스도의 의가 우리에게로 전가됩니다. 고린도전서에서 사도 바울은 이 놀라운 하나님의 은혜의 선물에 대해 이렇게 진술합니다.

"하나님이 죄를 알지도 못하신 이를 우리를 대신하여 죄로 삼으신 것은 우리로 하여금 그 안에서 하나님의 의가 되게 하려 하심이라"(고후 5:21).

종교개혁자 마틴 루터(Martin Luther)는 그리스도의 부요하심과 우리의 빚이 맞바꾸어진 것을 '놀라운 교환'이라 일컬었습니다. 하나님은 한 개인이 회심할 때 그를 의롭게 '만드시는 것'이 아니라, 자신의 약속에 근거하여, 오직 그리스도 안에서, 오직 믿음을 통해, 오직 은혜에 의해, 법정적 판결로서 신자를 의롭다 선포하십니다(롬 5:1 참고).

"모든 사람이 죄를 범하였으매 하나님의 영광에 이르지 못하더니"(롬 3:23).

그러하기에 우리 자신의 불완전한 행위를 통해 하나님에게서 인정받으려는 모든 시도는 헛됩니다. 예수님은 완전한 순종의 삶을 사시고, 십자가에서 드리신 희생 제사로 대속을 이루며, 죽음에서 부활하여 자신이 의로움을 입증함으로써 죄와 죽음을 이기셨습니다(히 4:15 참고). 구원은 오직 하나님의 은혜에 의해, 오직 믿음을 통해, 오직 예수 그리스도 안에서만 가능합니다.

이 주제에 관해 더 알고자 한다면, 마이클 호튼의 『기독교 신앙의 핵심』 7장(161-180쪽)을 읽어 보십시오.

묵상을 위한 질문 ▶학생용 67쪽

1. 우리가 율법에 순종하는 것은 그것으로써 구원을 얻기 위함이 아닙니다. 예수님이 우리를 위해 율법에 순종하셨기 때문에, 우리는 은혜로 구원을 받아 하나님을 기꺼이 사랑함으로써 율법을 지킬 수 있습니다(엡 2:8 참고). 에베소서 4장 1-3절에서 바울은 다음과 같이 말합니다.

"그러므로 주 안에서 갇힌 내가 너희를 권하노니 너희가 부르심을 받은 일에 합당하게 행하여, 모든 겸손과 온유로 하고 오래 참음으로 사랑 가운데서 서로 용납하고, 평안의 매는 줄로 성령이 하나 되게 하신 것을 힘써 지키라."

바울의 가르침에 나타나는 순종과 관련해, 예수님의 신실한 삶은 우리에게 무엇을 가르쳐 줍니까?

2. 예수님의 탄생을 묵상할 때 어떤 생각이 듭니까? 세속 문화가 예수님의 탄생을 바라보는 관점과 다른 듯한 성경적 개념에는 무엇이 있습니까?

3. 로마서 5장 6-8절에서 바울은 다음과 같이 말합니다.

"우리가 아직 연약할 때에 기약대로 그리스도께서 경건하지 않은 자를 위하여 죽으셨도다. 의인을 위하여 죽는 자가 쉽지 않고 선인을 위하여 용감히 죽는 자가 혹 있거니와, 우리가 아직 죄인 되었을 때에 그리스도께서 우리를 위하여 죽으심으로 하나님께서 우리에 대한 자기의 사랑을 확증하셨느니라."

이 구절을 여러 번 읽어 보십시오. 이에 대한 반응으로 당신은 하나님께 어떻게 감사하는 기도를 드릴 수 있습니까?

토의를 위한 질문 ▶학생용 68쪽

1. 이 땅에 오신 예수님은 우리와 똑같이 고난과 고통을 겪으셨습니다. 그분은 가난하게 태어나셨을 뿐만 아니라, 사탄과 세상이 하나님과 그분의 백성을 대적하는 세상 속으로 들어오셨습니다. 이 사실이 하나님께서 우리의 상황을 이해하시고 우리에 대한 모든 것에 관심을 가지고 계시다는 확신에 어떤 영향을 끼칩니까?

2. 예수님의 삶은 하나님께 순종하는 모습과 관련해 어떤 모범이 됩니까? 우리가 받은 바 하나님께 순종하라는 부르심과 예수님이 받은 부르심은 어떠한 점이 비슷합니까? 우리가 받은 부르심은 예수님이 받은 부르심과 어떠한 점이 다릅니까?

3. 어느 그리스도인 지체가 구원을 얻기 위해 충분히 선하게 행했는지를 확신하지 못한다고 상상해 보십시오. 당신은 그에게 복음의 은혜에 관해 뭐라고 말해 주겠습니까?

마치는 기도

다음을 위해 기도합시다.

- 모임에 참여하는 사람들의 필요를 위해
- 교회의 유익을 위해
- 믿지 않는 사람들의 구원을 위해
- 그 밖의 다른 필요들을 위해

예수님은 주님이시다

여는 기도

은혜로우신 하나님 아버지, 친히 함께하겠노라고 약속하셨기 때문에 실패할 수 없는 임무를, 받을 자격 없는 우리에게 주시니 감사합니다. 주님의 말씀을 의지하고 성부와 성령과 함께 다스리시는 예수 그리스도를 통해 모든 민족을 제자 삼으라는 임무를 감당하며 함께 나아갈 수 있는 용기를 우리에게 주소서. 예수님의 이름으로 기도합니다. 아멘.

성경 본문 _마 28:16-20

마태복음 28장 16-20절은 잘 알려진 대위임 명령입니다. 본문에서 예수님은 그분이 배반당하신 밤에 모두 흩어졌던 제자들을 다시 찾아오십니다. 예수님은 실망감을 드러내는 말로써 그들을 정죄하는 대신에, 상상할 수 없는 일을 행하십니다. 예수님은 제자들에게 새로운 사명을 주시는데, 여기에는 아담과 하와가 타락한 직후의 역사가 시작되는 시점에 하나님이 주셨던 사명이 포함됩니다. 예수님은 제자들에게 모든 민족에게 세례를 베풀고 그들을 가르쳐 제자를 삼으라고 말씀하십니다. 가장 좋은 소식은, 예수님이 하늘과 땅의 모든 권세를 가지며 세상 끝 날까지 그들과 함께 계시기 때문에 이 사명이 실패하지 않으리라는 것입니다.

묻기

예수님이 주님이시라는 선언은 무슨 뜻일까요?

보기 ▶학생용 70쪽

https://vimeo.com/170202722/2afb21c398

읽기 ▶학생용 70쪽

천국과 영생은 때때로 매우 멀리 있는 것처럼 보입니다. 어떤 사람들은 예수님의 도움을 얻어 세상에서 맞닥뜨리는 문제들을 해결하고자 그분을 바라보기도 합니다. 예수님은 우리가 이생에서 맞닥뜨리는 어려움에 관심이 많으십니다. 그러나 그분은 매일의 삶에 성취감을 주는 것보다 훨씬 더 위대한 일을 행하기 위해 오셨습니다.

예수님은 죽음을 주관하십니다

예수님이 죽은 자 가운데서 살아나신 다음 날, 두 제자가 엠마오를 향해 가고 있었습니다(눅 24:13 참고). 그들은 처음에 예수님을 알아보지 못했습니다. 왜냐하면 메시아의 신분과 사역에 대해 특별한 기대를 가졌는데, 그들이 기대했던 일이 실현되지 않았기 때문입니다. 두 제자는 예수님께서 로마의 압제로부터 유대인을 해방시켜 주리라고 기대했습니다. 그래서 그들에게는 예수님이 십자가에서 죽으신 이유를 이해할 수 있도록 성경을 가르쳐 줄 사람이 필요했던 것입니다.

예수님은 이렇게 혼란스러워하는 제자들에게 성경을 가르치셨습니다.

"이르시되 미련하고 선지자들이 말한 모든 것을 마음에 더디 믿는 자들이여, 그리스도가 이런 고난을 받고 자기의 영광에 들어가야 할 것이 아니냐 하시고, 이에 모세와 모든 선지자의 글로 시작하여 모든 성경에 쓴 바 자기에 관한 것을 자세히 설명하시니라"(눅 24:25-27).

그러고 나서 예수님은 그들과 함께 저녁을 드셨습니다. 예수님께서 빵을 들고 떼어 그들에게 주실 때 제자들의 눈이 열렸습니다. 예수님은 제자들이 그분의 모습을 알아보기 전에, 먼저 자신을 구약성경을 성취한 이로 인식하기를 원하셨습니다.

오늘날 우리는 엠마오로 가는 제자들과 같은 처지에 있습니다. 사람들은 종종 하나님을 알기 위해 징조나 이상을 찾습니다. 그러나 우리는 예수님이 주인공인 이야기를 알아야 합니다. 예수님을 우리가 원하는 틀에 짜 맞추려고 해서는 안 됩니다. 예수님은 이미 우리를 그분의 이야기에 등장하는 배우로 삼으셨습니다. 이 얼마나 기쁜 이야기입니까?

예수님은 명령하는 주님이신 동시에 순종하는 종으로서, 죄와 죽음과 사탄과 지옥을 정복하기 위해 우리와 같은 육신으로 태어나기까지 자신을 낮추셨습니다. 충성스러운 승리자요 마지막 아담이신 예수님은 완전한 하나님이자 온전한 사람으로서 다스리십니다. 예수님은 섬김으로써 다스리시고, 다스림으로써 섬기십니다.

만약 교회가 "하늘과 땅의 모든 권세를 내게 주셨으니"라고 선언하신 왕의 공식 대사라면(마 28:18 참고), 그분의 나라가 어째서 이토록 연약하고 깨질 듯이 보이는 것일까요?

그리스도는 이 땅 위에 자신의 나라를 세우고 계시지만, 세상과는 다른 방식과 수단을 쓰십니다. 죽은 자 가운데서 부활하여 의로우심을 인정받으셨으며 세상을 이길 것이라고 약속하셨기 때문에, 우리는 그리스도께서 다스리는 권세를 가지고 계심을 확신할 수 있습니다. 그리스도의 부활을 통해 우리는 그분과 연합했습니다. 이로써 우리와 죽음의 관계가 변했습니다. 죽음의 쏘는 것이 현재 우리에게서 완전히 제거된 것은 아니지만, 그리스도인인 우리는 슬픔 가운데서도 소망을 가질 수 있습니다(살전 4:13 참고).

예수님은 그분의 교회를 성령의 능력으로 세우고 계십니다

예수님은 자기 백성인 교회를 세우심으로써 자신의 나라를 세우고 계십니다(마 16:18 참고). 예수님의 제자가 되기를 원한다면, 가까운 지역 교회에 출석하십시오. 예수님은 양들을 늑대에게서 구하셨지만, 양들은 스스로를 지킬 수 없습니다(요 10:10-16 참고). 그리스도인은 예수님이 주시는 구원의 선물로 옷 입고 씻음 받고 그것을 양식으로 삼을 뿐만 아니라, 목회자들과 장로들의 가르침과 보호와 인도를 받아야 합니다.

교회 생활이 신자의 신앙이 성장하도록 돕는 측면이 많지만, 성령은 주로 말씀의 선포, 성례(세례와 성찬)의 집행, 그리스도의 몸을 세우는 경건 훈련이라는 일반적인 방편을 통해 일하십니다(요 14:26; 엡 1:17, 18 참고).

주님이신 예수님께서 일반적인 목회 가운데 우리를 훈련시키시는 방법에는 여러 가지가 있습니다.

- 예수님은 우리를 말씀으로 섬기십니다. 규칙적인 말씀의 선포는 제자로 훈련되는 데 매우 중요합니다. 성경은 복음을 들음으로써 믿음이 자란다고 우리에게 말합니다(롬 10:17; 벧전 1:23-25 참고).
- 예수님은 우리를 세례로 섬기십니다. 세례 받는 순간이나 세례 받았던 때를 기억하는 것은 제자로 훈련되는 데 매우 중요합니다. 세례는 우리 주님께서 주신 대위임 명령의 중심이었으며, 성도의 공적 모임인 교회로 들어가는 문입니다.
- 예수님은 우리를 성찬으로 섬기십니다. 성찬을 규칙적으로 거행하는 것은 제자로 훈련되는 데 매우 중요합니다. 성찬은 우리에게 영적 양식을 공급하고 그리스도 안에서 나누는 교제에 대한 확신을 주기 위해 제정된 성례입니다(고전 10:16 참고).

제자란 배우는 자로서 지도받고 양육되는 자를 말합니다. 그리스도는 다음과 같이 자신의 양을 훈련하십니다.

- 건전한 가르침과 지혜롭고도 경건한 모범을 통해 제자로서 훈련받습니다(딤후 3:10, 4:2 참고).
- 교회가 말이나 노래로 행하는 기도를 통해, 그리고 죄와 그리스도에 대한 믿음을 공동체적으로 고백함을 통해 제자로 훈련됩니다.
- 제자 훈련은 종종 교리나 삶에 대한 교정을 수반합니다. 우리가 양처럼 자주 길을 잃어버리기 때문에, 예수님은 우리를 양이라고 부르십니다(시 119:176; 마 18:12,13 참고).

그리스도는 교회에 목사와 장로와 집사라는 '특정한 직분'을 세워 그분의 양을 인도하고 보호하며 돌보게 하셨습니다. 그리스도인은 성장하고 번성하기 위해, 지역 교회의 지도자들에게 적절한 훈련을 받아야 합니다. 대부분의 신자들이 교회에서 특정한 직분을 가지고 있는 것은 아니지만, 우리는 모두 예수 그리스도의 이름으로 서로를 사랑하고 섬겨야 하는 왕 같은 제사장이라는 '일반적인 직분'을 가지고 있습니다(벧전 2:9 참고). 모든 신자는 제사장입니다. 우리가 그리스도를 통해 하나님이 계시는 곳으로 나아갈 수 있기 때문입니다(엡 2:18 참고). 또한 우리가 그리스도를 통해 하나님께 감사하는 영적 제사를 드리기 때문입니다(히 13:15 참고).

교회는 예수님께서 구원하는 주 되심을 보여 주고 들려주는 장소이자 방식입니다. 비록 세상의 눈에는 작고 연약하게 보일지라도,

교회는 그리스도의 은혜를 전하는 대사입니다. 예수님은 주님이십니다!

이 주제에 관해 더 알고자 한다면, 마이클 호튼의 『기독교 신앙의 핵심』 8장(183-200쪽)을 읽어 보십시오.

묵상을 위한 질문 ▶학생용 76쪽

1. 예수님은 명령하는 주님이신 동시에 순종하는 종으로서, 죄와 죽음과 사탄과 지옥을 정복하기 위해 우리와 같은 육신으로 태어나기까지 자신을 낮추셨습니다. 충성스러운 승리자요 마지막 아담이신 예수님은 완전한 하나님이자 온전한 사람으로서 다스리십니다. 죽음에 대한 예수님의 승리는 당신의 예배와 기도 생활을 어떻게 격려합니까?

2. 예수님은 성령의 능력으로 자신의 나라를 세우고 계시며, 이를 위해 설교와 가르침, 세례와 성찬, 교회의 권징 같은 일반적 방편을 사용하십니다. 교회의 사역들 가운데 당신은 특히 어떤 영역에 감사합니까?

3. 당신은 교회에서 어떻게 제자로 훈련받고 있습니까? 어떻게 하면 제자가 되는 데 더 적극적으로 임할 수 있겠습니까?

토의를 위한 질문 ▶학생용 77쪽

1. 예수님은 명령하는 주님이신 동시에 순종하는 종으로서, 죄와 죽음과 사탄과 지옥을 정복하기 위해 우리와 같은 육신으로 태어나기까지 자신을 낮추셨습니다. 충성스러운 승리자요 마지막 아담이신 예수님은 완전한 하나님이자 온전한 사람으로서 다스리십니다. 죽음에 대한 예수님의 승리는 당신의 예배와 기도 생활을 어떻게 격려합니까? 이것이 우리로 하여금 사람들과 짐을 나누고 그들을 도울 수 있도록 어떻게 우리를 고무시킵니까?

2. 성경은 예수님께서 성령의 능력으로 그분의 나라를 세우고 계신다고 가르칩니다. 그러나 이 사실은 때때로 사람들에게 거의 드러나지 않습니다. 교회가 영광스럽게 보이지 않을 때가 많습니다. 사람들은 고통당하며, 추문이 일어나기도 합니다. 우리가 고통 가운데 있을지라도 하나님 나라는 확장되고 있다는 사실을 어떻게 이해해야 할까요?

3. 사람들은 '교회의 권징'이라는 표현을 '교회가 죄인을 처벌하는 것'으로 이해하여 불쾌하게 여기곤 합니다. 그러나 조금만 더 신중하게 생각해 보면, 교회의 권징은 그저 사람들에게 회개를 촉구하고 회개하지 않는 사람들을 내쫓는 것이 아닙니다. 교회의 권징은 목회자와 교회 지도자들이 그리스도 안에서 성도를 양육하는 사역에 포함됩니다. 목회자와 교회 지도자들이 권징을 통해 제자로 훈련시키는 것에는 어떠한 긍정적 측면이 있습니까?

마치는 기도

다음을 위해 기도합시다.

- 모임에 참여하는 사람들의 필요를 위해
- 교회의 유익을 위해
- 믿지 않는 사람들의 구원을 위해
- 그 밖의 다른 필요들을 위해

9과

우리는 무엇을 기다리는가?

여는 기도

사랑하는 하나님 아버지, 비록 우리 육체가 쇠약해져 가고 죽음을 피할 수 없을지라도, 우리는 그리스도께서 다시 오시며 우리를 구원하실 것임을 압니다. 그리스도의 재림을 소망함으로써 성부와 성령과 함께 다스리시는 예수 그리스도를 통해 그날을 직면할 힘을 얻도록 도와주소서. 예수님의 이름으로 기도합니다. 아멘.

성경 본문 _고후 4:7-18

고린도후서 4장 7-18절에서, 바울은 자신을 모범으로 삼아 그리스도인의 삶의 본질을 드러냅니다. 바울은 사도이자 복음 사역자로서 특별한 부르심을 받았지만, 우리 그리스도인들은 일상생활에서 사랑하고 봉사하고 증언하도록 부르심을 받았습니다. 세상의 기준으로 볼 때 바울이 그러했듯이, 우리의 수고가 실패한 것처럼 보일 수도 있습니다. 우리는 고난을 겪을 것입니다. 우리는 나이 들고 약해지며, 대부분의 삶이 사소하고 허무하게 느껴질 것입니다. 그러나 하나님은 우리의 삶을 허비하지 않으십니다. 하나님은 자신의 영광을 위해 우리의 삶을 사용하십니다. 때때로 고통이 너무 버겁기도 하겠지만, 모두 잠깐입니다. 하나님께서 믿는 우리를 위해 복된 새 창조를 준비하고 계십니다. 그리스도인의 삶 전체는 잠깐의 절망이 아니라 미래의 희망을 바라봅니다. 지금 우리는, 그리스도께서 다시 오셔서 죽은 자를 일으키고 우리를 이생의 고통에서 벗어난 새로운 피조물로 재창조하실 것을 기대하며 살아갑니다.

묻기

인생이 허무하다고 느낀 적이 있습니까?

보기 ▶학생용 79쪽

https://vimeo.com/170203690/92e0edc6dc

읽기 ▶학생용 79쪽

예수님께서 왕이신데, 왜 세상은 여전히 고난과 죽음으로 가득합니까?

우리는 죽음이 궁극적 원수이며 반드시 죽음이 패배할 것임을 알아야 합니다(고전 15:26 참고). 사람들은 죽음이라는 어두운 현실을 부드럽게 만들기 위해 장례식을 잔치로 바꾸어 더 이상 슬퍼할 곳을 없애 버립니다. 그러나 죽음은 당연한 것이 아닙니다. 죽음은 죄 때문에 세상에 들어온 끔찍한 것입니다(롬 5:12 참고). 그러나 그리스도께서 신자들을 위해 행하신 일이 죽음에 대한 신자들의 경험을 근본적으로 바꾸어 놓았습니다.

그리스도인의 소망은 복음으로 말미암아 생깁니다. 우리는 죽은 후에 일어날 일들에 관한 개인적인 견해나 희망을 신뢰하기보다, 하나님의 말씀을 의지함으로써 진리를 깨달아야 합니다. 죽음이 슬픔의 진정한 원인입니다. 그러나 슬픔 중에도 우리에게는 소망이 있습니다. 왜냐하면 그리스도께서 십자가 위에서 우리를 위해 죄의 저주를 담당하셨기 때문입니다. 하나님은 구약에서 예수님의 오심에 대해 미리 말씀하셨으며, 그리스도의 부활은 하나님께서 성경 전체를 아우르는 모든 약속을 이루신다는 사실을 올바르게 증언합니다(행 17:31 참고). 예수님의 부활은 기독교 신앙의 근거가 되는 소망입니다(고전 15:14 참고).

성경은 육신의 질병, 고통, 슬픔, 죽음 같은 현재의 고난이 장차 나타날 영광과 비교될 수 없다고 말씀합니다(롬 8:18 참고). 바울은 일생동안 질병에 걸리고 폭행을 당하고 실명할 정도로 심하게 돌에 맞는 등 많은 고난을 받았습니다. 그러나 바울은 이러한 역경 속에서도 기뻐했습니다.

> "우리가 잠시 받는 환난의 경한 것이 지극히 크고 영원한 영광의 중한 것을 우리에게 이루게 함이니"(고후 4:17).

이야기의 마지막은 죽음이 아닙니다

그리스도인들은 이야기의 마지막이 죽음으로 끝나지 않음을 알고 있기에 죽음이라는 현실을 받아들입니다. 우리는 죽으면 곧장 하나님이 계신 곳으로 가서, 마지막 날에 우리 몸이 부활할 것을 기다립니다(고후 5:8 참고). 이것을 우리는 '중간 상태'라고 부릅니다.

중간 상태는 현재의 상태보다 훨씬 좋지만, 부활의 상태보다 좋지는 않습니다. 중간 상태에 있는 동안, 우리의 몸은 땅에서 부패하지만 영광으로 들려지지는 않습니다. 요한계시록 6장 9,10절에서, 우리는 이생을 떠난 성도들이 아직 중간 상태에 들어가지 않은 자들이 겪는 핍박과 고난을 완전히 인지하고 있음을 봅니다. 이생을 떠난 성도들은 다음과 같이 부르짖습니다.

"거룩하고 참되신 대주재여, 땅에 거하는 자들을 심판하여 우리 피를 갚아 주지 아니하시기를 어느 때까지 하시려 하나이까?"(계 6:10)

중간 상태는 일시적인 상태로, 그리스도께서 다시 오셔서 물질적으로나 지형적으로는 이 세상과 같지만 죄나 슬픔이나 고통이나 죽음이 없는 새로운 피조 세계를 일으키실 것을 기다리는 때입니다.

그리스도의 재림 때 어떤 일이 일어납니까?

그리스도께서 다시 오셔서 새 창조로 이끄실(완성하실) 때, 그분은 죽은 자를 일으키고 열방을 심판하며, 모든 신자들을 장차 올 세상의 영원한 영광으로 이끌어 들이실 것입니다. 죽은 자들이 모두 살아날 것이며, 그리스도께서 자신의 완전한 기준에 따라 의롭게 심판하실 것입니다(마 12:36,37; 딤후 4:1 참고).

그리스도를 떠난 모든 세상은 하나님 앞에 범죄자로 서서 판결을 기다립니다(롬 3:9-20 참고).

- 성경에 나오는 구원은 하나님의 진노로부터의 구원입니다(롬 5:9 참고).
- 최후 심판 때 신자와 불신자 사이에는 중요한 차이가 있습니다.
- 불신자들은 행위에 따라 판결을 받지만, 신자들은 그리스도께서 그들을 위해 완수하신 일에 따라 판결을 받습니다(롬 4:23-25 참고).
- 그리스도인들은 그리스도와 함께하는 상속자이기 때문에 상을 받습니다(갈 4:1-4 참고).

하나님은 그리스도인들이 선행임을 인지하지 못한 채로 일상에서 행한 많은 사랑과 친절의 행위들을 아십니다. 반면에 불신자들은 그들의 가장 훌륭한 행위조차도 더러운 걸레처럼 버려질 것입니다(마 25:31-46; 사 64:6 참고).

최후의 심판 때에 그리스도인들은 최종적으로 의롭다고 판결받을 것이며, 신자들의 신앙이 헛되지 않은 것으로 드러날 것입니다(눅 9:23-26; 요일 5:4 참고).

재림 후 그리스도는 새 시대의 영원한 영광으로 피조 세계를 이끄실 것입니다(계 21:1-4 참고). 성경은 많은 그림을 사용하여 새 하늘과 새 땅이 어떠할 것인지를 우리에게 알려 줍니다. 우리는 부활 이후 우리가 물리적인 실재를 경험하리라는 것을 압니다. 이는 종종 잔치로 묘사됩니다(사 25:6-9, 55:1-3; 마 22:2-14; 계 19:6-10 참고). 성경은 새로운 피조 세계가 예배를 포함하며(계 19:10 참고), 하나님의 영광이 그

빛이 될 것이라고 가르칩니다(계 21:23 참고). 우리는 새 하늘과 새 땅에 죄와 슬픔과 죽음과 고통이 없음을 압니다(계 21:4 참고).

하늘과 땅과 관련해 가장 중요한 것은, 하나님께서 친히 우리와 함께 거하시며 우리가 얼굴과 얼굴을 대하여 그분을 보리라는 것입니다(계 21:1-3; 고전 13:12 참고). 성경은 새로운 피조 세계에 대해 그저 암시할 뿐이지만, 그 세계가 우리가 이 세상에서 경험한 그 무엇보다도 탁월함을 아는 것만으로 충분합니다. 그러므로 하나님의 백성인 우리는 그리스도의 재림을 기다리고 기대합니다. 주 예수여, 오시옵소서!

이 주제에 관해 더 알고자 한다면, 마이클 호튼의 『기독교 신앙의 핵심』 9장(203-219쪽)을 읽어 보십시오.

묵상을 위한 질문 ▶학생용 84쪽

1. 데살로니가전서 4장 13절을 읽어 보십시오. 믿는 가족의 죽음을 슬퍼하는 이를 위해 당신은 뭐라고 기도하겠습니까?

2. 중간 상태와 부활은 어떻게 다릅니까?

3. 지상에 임할 천국과 관련해 가장 중요한 것은, 하나님께서 친히 우리와 함께 거하시며 우리가 얼굴과 얼굴을 대하여 그분을 보리라는 것입니다. 요한계시록 21장 1-3절과 고린도전서 13장 12절을 찾아 읽은 다음, 가장 인상적인 것을 적어 보십시오.

토의를 위한 질문 ▶학생용 85쪽

1. 예수님은 죽음을 주관하시는 분입니다. 그러므로 그분을 믿는다면, 우리는 죽어도 하나님이 계신 곳으로 들어가며 마지막 날에 부활할 것임을 확신할 수 있습니다. 이 진리를 알고 있는 우리는 믿는 가족의 죽음을 슬퍼하는 신자를 어떻게 위로할 수 있습니까? 뭐라고 말하며, 어떻게 기도할 수 있습니까? 어떻게 그들을 도울 수 있습니까?

2. 성경은 육체의 질병과 고통과 슬픔과 죽음 같은 현재의 고난이 장차 우리에게 나타날 영광과 비교될 수 없다고 말합니다(롬 8:18 참고). 이 진리는 당신이 하나님의 영광과 이웃의 유익을 위해 끝까지 살도록 어떻게 동기를 부여합니까?

3. 최후의 심판 때에 신자들의 의로움이 최종적으로 입증될 것이며, 그들의 신앙이 '헛되지 않은' 것으로 드러날 것입니다(눅 9:23-26; 요일 5:4 참고). 재림 후 그리스도는 피조 세계를 새 시대의 영원한 영광으로 이끄실 것입니다(계 21:1-4 참고). 이 사실은 하나님께서 우리를 영광의 나라로 기쁘게 받아 주실 것을 어떻게 확신하게 합니까?

마치는 기도

다음을 위해 기도합시다.

- 모임에 참여하는 사람들의 필요를 위해
- 교회의 유익을 위해
- 믿지 않는 사람들의 구원을 위해
- 그 밖의 다른 필요들을 위해

기다리는 동안 우리의 부르심을 이루자

여는 기도

사랑하는 하나님, 우리에게 은혜와 자비를 보여 주시니 감사합니다. 하나님은 오래전에 예비하신 선한 일을 위해 그리스도 예수 안에서 우리를 하나님의 작품으로 만드셨습니다. 이는 우리가 그 선한 일들을 행하며 살기 위한 것입니다. 성부와 성령과 함께 다스리시는 예수 그리스도를 통해 주님의 부르심에 신실할 수 있도록 우리를 도와주소서. 예수님의 이름으로 기도합니다. 아멘.

성경 본문 _살전 4:1-12

우리는 종종 우리 인생을 향한 하나님의 뜻이 무엇인지 궁금해합니다. 데살로니가전서 4장 1-12절은 인생의 목적이 무엇인지를 우리에게 분명히 알려 줍니다. 하나님의 뜻은, 자기 백성이 거룩하여 일상생활에서 올바르게 행하도록 성령의 능력을 힘입어 살아가는 것입니다. 이것이 우리를 자유롭게 하는 이유는, 무엇보다 우리가 무언가를 결정할 때 하나님이 우리 각자에게 은밀히 원하시는 바가 무엇인지를 걱정할 필요가 없기 때문입니다. 하나님은 우리가 원하는 대로 선택할 수 있는 자유를 주셨습니다. 우리는 여러 가지 직업과 진로를 선택할 수 있고, 결혼하거나 결혼하지 않기로 선택할 수 있습니다. 하나님은 우리가 어떤 선택을 하든지 경건하게 살아가기를 원하십니다.

묻기

당신이 가장 염려하는 것은 무엇입니까?

보기 ▶학생용 87쪽

https://vimeo.com/171488027/b93e355d96

읽기 ▶학생용 87쪽

하나님의 계획이 이루어지는 때와 시기를 알려면, 현재 우리가 어디에 있으며 어디를 향해 가고 있는지를 알아야 합니다. 그리스도의 나라는 이미 세상에 임했으나, 아직 그 모든 영광이 완전히 이르지는 않았습니다.

성경은 우리가 지금의 악한 시대와 장차 올 시대가 교차하는 불안정한 지점에 있음을 보여 줍니다. 그리스도는 처음 오실 때, 구원을 가져오기 위해 겸손히 자신을 희생하는 분으로 오셨습니다. 그러나 다시 오실 때, 그분은 세상의 심판자로서 영광과 권능으로 임하실 것입니다(마 24:30, 25:31-36 참고).

그리스도의 재림을 기다리며

우리는 어떤 모습으로 그분을 기다려야 합니까? 이에 대해 사람들은 세 가지로 대답합니다.

- '그리스도인들은 승리주의자이어야 한다.' 이 견해는 그리스도인들이 세상을 그리스도의 나라로 변혁시키고 그리스도의 재림에 적합하도록 더 나은 곳으로 만들어야 한다고 말합니다.
- '그리스도인들은 패배주의자이어야 한다.' 이 견해는 세상이 곧 파멸할 것이므로, '늙었지만 위대한 행성 지구'에서 우리가 할 수 있는 한 많은 영혼을 구해 내야 한다고 말합니다.
- '그리스도인들은 증인이 되어야 한다.' 이 견해는 우리가 부름받은 목적대로 그리스도의 증인이 되고, 증인으로서 고난당하며, 세속의 소명을 감당하면서 이웃을 사랑하고 섬겨야 한다고 말합니다.

세 번째 견해, 즉 그리스도의 증인이 되어야 한다는 대답은 예수님의 재림을 기다리는 동안 이 땅에 존재하는 그리스도의 나라의 특성인 '이미, 그리고 아직' 사이의 긴장을 가장 잘 포착합니다. 그리스도는 죄의 지배를 무너뜨리셨습니다. 그리고 지금도 우리는, 비록 분별하지 못할 때도 있지만, 우리의 삶 속에서 성령의 열매를 봅니다.

은혜의 경륜 안에서 살아감

그리스도께서 이미 오셨고 우리를 하나님과 화목하게 하셨으므로,

우리는 감사하는 태도로 살아가야 합니다. 우리는 더 이상 죄 때문에 제사를 드릴 필요가 없습니다. 우리는 그리스도에게 속하여, 즉 죄의 대가를 지불해야 하는 나라가 아니라 은혜의 나라로 옮겨져 살아갑니다. 그제서야 우리는 자유롭게 감사할 수 있으며, 찬양의 "산 제물"로 우리를 하나님께 드릴 수 있습니다(롬 12:1 참고).

우리는 날마다 삶 가운데 주어진 책임을 소홀히 하지 말아야 합니다. 또한 현재 세상에서 신자로서 받은 소명이 무엇인지를 명확히 알아야 합니다. 다음 두 가지 순서를 올바로 기억하십시오.

- 첫째, 하나님은 자신의 구원하시는 은혜로 먼저 우리를 섬기셨습니다(행 17:25,26; 롬 11:35,36; 약 1:17 참고).
- 둘째, 신자는 하나님께 섬김을 받은 후 하나님에 대한 사랑으로 말미암아 선을 행합니다. 하나님은 매일의 삶에서 신자의 선행을 사용하여 우리의 이웃을 섬기십니다.

그리스도인으로서 이 세상에서 살아가는 방법에 올바로 집중하려면, 다음의 사실들을 기억해야 합니다.

- 그리스도인들은 왕국을 짓는 것이 아니라, 왕국을 받습니다(히 12:28, 29; 롬 12:1-8 참고). 교회는 그리스도 안에 있는 새 몸입니다. 이 몸 안에서 각 사람은 성령의 자비로운 은사를 통해 다른 지체들을 양육하며 강하게 세웁니다(롬 12:3-8; 고전 12:12-17 참고).

- 그리스도인들은 온 힘을 다해 이웃을 사랑하고 섬기도록 부름을 받았습니다. 신자는 하나님의 영광과 이웃의 유익을 위해 선한 일을 행합니다(고전 10:31 참고).
- 그곳이 교회든 가정이든 직장이든, 하나님은 우리 각자에게 다양한 소명을 주셨습니다. 그리스도인은 부모나 배우자, 상사나 부하 직원, 집사나 아이나 자원봉사자가 될 수 있으며, 이 모든 역할을 동시에 해야 할 수도 있습니다. 종종 우리는 은사가 그리 중요하지 않다고 생각하는데, 은사는 반드시 필요합니다(롬 12:1-8 참고).

이제 막 그리스도인이 된 사람들은 예수님을 구주로 영접했으니 인생이 더 나아질 것이라고 잘못 기대하기도 합니다. 사실 그리스도인의 인생이 더 복잡해질 수도 있습니다. 왜냐하면 우리가 전가된 그리스도의 의로움에 근거해 하나님에게서 칭의를 받았다 하더라도, 여전히 우리 안에서 하나님의 뜻에 순종하려는 소원과 내재하는 죄가 전쟁을 벌이고 있기 때문입니다.

공통된 은혜로 살아감

그리스도인들은 세상에 있는 공통된 저주와 공통된 은혜를 불신자들과 공유합니다. 우리는 인간의 의학이나 기술이나 다른 선한 발명을 통해 이룬 진보로부터 혜택을 얻습니다. 또한 우리는 아프기도 하고, 죽기도 합니다. 그러나 죽음은 더 이상 신자들을 휘두를 수 없습니다. 하나님은 죽음을 사용하여, 부패하는 몸으로부터 우리를 자유롭게 하심으로써 우리가 영광으로 들려질 수 있도록 하셨습니다(고전 15:43 참고).

우리의 삶을 향한 하나님의 뜻이 신비일 필요는 없습니다. 우리가 알아야 한다고 하나님께서 말씀하신 것은 모두 성경 안에 있습니다. 이를 넘어서는 하나님의 비밀은 그저 비밀일 뿐입니다(신 29:29; 살전 4:1-12 참고). 우리에게는 하나님께서 만드신 자가 될 자유와, 그분의 은밀한 뜻이 무엇인지를 알려고 노심초사하지 않고서 우리에게 주어진 은사를 가지고 우리가 있어야 할 곳에 있을 자유가 있습니다. 하나님은 구원하는 자신의 뜻과 우리를 위한 사랑을 나타내셨으며, 이웃을 섬기는 가운데 하나님의 사랑을 전하는 통로가 되도록 우리를 만드셨습니다. 우리는 말씀 안에서 하나님이 우리에게 주신 삶에 대한 선하고도 중요한 원리들을 얻기 위해 성경을 지혜롭게 해석해야 합니다.

하나님은 동료 신자들뿐만 아니라 아직 그리스도를 모르는 사람들을 섬기도록 우리에게 은사를 주십니다. 하나님은 우리를 자신의 대사로 삼으시고 자기 아들의 형상으로 우리를 변화시키시는 동안, 우리의 말과 행위를 통해, 죄와 죽음을 이기신 그리스도를 증언하게 하십니다.

이 주제에 관해 더 알고자 한다면, 마이클 호튼의 『기독교 신앙의 핵심』 10장(221-237쪽)을 읽어 보십시오.

묵상을 위한 질문 ▶학생용 92쪽

1. 우리는 그리스도의 증인이 되며, 우리의 증언 때문에 고난을 받고, 직업을 통해 이웃을 사랑하고 섬기도록 부름받았습니다. 이것은 두려운 부르심이 될 수 있지만, 하나님은 우리에게 성령을 주셨습니다. 주일마다 교회에 다니는 것 외에 당신이 처한 상황 가운데서 어떻게 증인이 될 수 있습니까? 날마다 이루어지는 소소한 만남들을 생각해 보십시오.

2. 승리주의의 문제는 그것의 목표, 즉 그리스도인들이 선행을 통해 자신의 삶과 사회의 변혁을 소망해야 한다는 목표가 아닙니다. 승리주의의 문제는, 마치 우리의 행함에 따라 그리스도의 오심이 좌우되는 것인 양, 그리스도의 나라가 임하도록 우리가 세상을 변화시켜야 한다는 태도입니다. 그리스도인들이 은혜로 하나님 나라를 받았다는 사실을 당신이 인식한다면, 사랑으로 섬기는 데 어떻게 자유로워질 수 있습니까?

3. 불신자들도 공통된 은혜로 말미암아 사회의 안녕에 기여합니다. 세상에 있는 '일상적인 물건들' 중에서 당신이 특히 감사하는 것들은 무엇입니까?

토의를 위한 질문 ▶학생용 93쪽

1. 그리스도인은 증인이 되어야 합니다. 우리는 그리스도의 증인이 되며, 우리의 증언 때문에 고난을 받고, 직업을 통해 이웃을 사랑하고 섬기도록 부름받았습니다. 어떻게 하면 사람들과 실제적으로 복음을 나눌 수 있을까요? 사랑과 섬김은 우리의 증언을 어떻게 돕습니까? 또는 어떻게 방해합니까?

2. 당신의 부르심에 대한 좋은 소식이 있습니다. 직장에 출근하거

나 학교에 가거나 가족이나 친구를 섬기거나 그리스도에 대한 소망의 말을 하는 등 당신이 하는 단순한 일들을 통해서도 하나님께서 세상을 섬기신다는 것입니다. 하나님은 우리를 통해 세상을 섬기십니다. 이것은 당신의 삶에 어떠한 목적이 있음을 드러냅니까?

3. 세상에서 우리는 신자뿐만 아니라 불신자와도 협력하여 공동선을 위해 일합니다. 이것은 신자가 모든 것을 올바르게 하고 있다거나 불신자가 결코 하나님을 거역하지 않는다는 말이 아닙니다. 그것은 하나님께서 사회를 돌보고 보존하시기 위해 공통된 은혜를 통해 신자와 불신자를 함께 사용하신다는 것입니다. 이러한 개념은 어떻게 우리가 세상이라는 영역에서 공동선을 위해 온유한 마음으로 일할 수 있게 합니까? 세상에서 선한 일을 하기 위해 불신자들과 협력하는 것이 왜 선합니까?

마치는 기도

다음을 위해 기도합시다.

- 모임에 참여하는 사람들의 필요를 위해
- 교회의 유익을 위해
- 믿지 않는 사람들의 구원을 위해
- 그 밖의 다른 필요들을 위해

기독교 신앙의 핵심 101 _스터디 교재 인도자용

지은이 | White Horse, Inc.

펴낸곳 | 지평서원
펴낸이 | 박명규

편 집 | 김희정, 김일용, 정 은
마케팅 | 김정태

펴낸날 | 2018년 4월 1일 초판

서울 강남구 선릉로 107길 15 지평빌딩 101호 06144
☏ 538-9640,1 Fax. 538-9642
등 록 | 1978. 3. 22. 제 1-129

값 5,000원
ISBN 978-89-6497-069-0-93230

메일주소 jipyung@jpbook.kr
홈페이지 www.jpbook.kr
페이스북 www.facebook.com/jipyung
트 위 터 @_jipyung